喜多方物語

ラーメンで町おこしに挑んだ男たち

荒井尚之
河野浩一

WAC

喜多方物語

ラーメンで町おこしに挑んだ男たち

参金会事務局長
荒井尚之

ザ・ライトスタッフオフィス代表
河野浩一

はじめに

今から四十四年前の昭和五十六（一九八一）年七月、福島県喜多方市《きたかた》で、五十名ほどの若者たちによる勉強会が立ち上げられた。その名前は「参金会《さんきんかい》」といった。命名の理由は、〝毎月、第三金曜日に集まる会だから〟だった。

会に参加していたメンバーの顔触れは、実に多士済々だった。会の参加者には、親の代からの店を継いだ自営業者もいれば、市役所勤務の公務員もいた。また、企業に勤めるサラリーマンやメディア関係者もいたし、医師や農業後継者もいた。

立ち上げ当初から、明確な目的があったわけではなかった。

「いろいろな立場の若手が集まって、いろいろなテーマを取り上げて、自分たちが考えていることを自由に発言し合える場ができたら楽しそうだな」

そんな軽いノリだったが、実際、それまでほとんど交流のなかった立場の人間と知り合い、ワイワイ語り合いながら、一杯やるのは刺激的な体験であり、メンバーたちは、毎月第三金曜日を楽しみにするようになっていった。

そうして勉強会を繰り返すうちに、メンバーたちの間である思いが共有されていった。それは、「喜多方は今のままでいいんだろうか……」という危機感だった。

折りから、昭和五十八（一九八三）年には、土光敏夫《どこうとしお》氏を会長とする「第一次臨時行政改革推進審議会」（第一次行革審）が置かれ、行政改革の風も吹いていた。

参金会が結成されたのはまさにそんな時代だったのである。

メンバーたちは、「このまま何も手を打たないでいると、喜多方は衰退していくばかりだ」と考え、「喜多方を活性化させるためには、旧態依然とした市の在り方を変えるしかない。そのためには、中央からの補助金を頼りにしている行政サイドと、地元産業界をなんとかして動かす必要がある」と強く感じるようになっていった。

メンバーたちのそんな熱い思いは、やがて行動へと結びついていった。メンバーは知恵を絞って様々なシンポジウムやイベントを次々に企画し、開催しようとした。

しかし、それは簡単なことではなかった。行政サイドや地元の産業界に協力を要請したが、一向に動いてくれようとはしなかった。いずれも大きな変革を嫌っていた。「なんとかうまくいっているのだから、余計なことをするな」と言わんばかりに、参金会の活動を見て見ぬふりをする者も少なくなかった。

「ならば、自分たちでやるしかない」参金会のメンバーたちは、そう腹をくくった。

シンポジウムやイベントの運営なんて、誰ひとり経験したことはなかったが、とにかく実現するために無我夢中で挑戦していくしかなかった。もちろん、そのすべては手弁当での活動だった。ときとしてメンバーたちの間に徒労感が漂うこともあった。それでも諦めなかった。

そして、いくつかのシンポジウムを成功させたところで、参金会は「喜多方ラーメン」に目をつけた。

そもそも喜多方では、ラーメンは「支那《しな》そば」と呼ばれ、人々に親しまれていた。昭和初期には、夜になれば、町を流す屋台のチャルメラの音色に惹《ひ》かれた人々で町の辻々《つじつじ》がにぎわっていた。その後、喜多方の町には支那そばをメニューに載せる食堂が増え、それぞれの味を競い合うようになっていった。

昭和六十年代半ばには、喜多方で「朝起き野球」

名物の喜多方ラーメン　出典：提供：(一社)喜多方観光物産協会

が流行《はや》った。練習が終われば、朝七時頃からラーメンを食べて、そのまま仕事に行った。いわゆる「朝ラー」である。そのはしりは、あべ食堂だった。あべ食堂には「朝ラー」目当ての行列ができた。

また喜多方では、ラーメンは近郷近在から来る客にふるまう料理でもあった。東京ならば、江戸前寿司なのだろうが、喜多方では、来客があると、「喜多方のラーメンはうめェーがら食っていがんショ」と、近くのラーメン店から出前をとるのが日常だった。まさに喜多方の人々にとってラーメンはソウルフードだったのである。

参金会のメンバーは、その喜多方のラーメンを「まちの活性化」の起爆剤にしようと考えたのである。そして、昭和六十三（一九八八）年に、まさに手づくりのイベントである「ラーメン王国フェスティバル'88」を開催した。

この参金会の企ては大成功だった。テレビや新聞でもニュースとして取り上げられた。その結果、喜多方ラーメンが全国的に知れわたるようになる最初の糸口をつかんだのだ。

もともと喜多方は、酒蔵や味噌蔵《みそぐら》などが多く立ち並ぶ「蔵の街」としても知られていたが、今では、「喜多方ラーメン」も有名だ。「喜多方市がどこにあるかはわからないが、喜多方ラーメンなら知っている」という人も少なくないし、喜多方ラーメンを食べに来て、喜多方が蔵の

蔵が建ち並ぶ喜多方の街並み

街であることを知る人も多いほどだ。

この、人口およそ四万人の喜多方市には、年間百八十五万人を数える観光客が訪れているが、その多くは、新宮熊野《しんぐうくまの》神社などの歴史ある寺社や、ひまわりが咲き誇る三《さん》ノ《の》倉《くら》高原の花畑などの観光スポットを巡った後、蔵が立ち並ぶ町を散策して、「喜多方ラーメン」に舌鼓を打つのが定番となっている。

また、特徴的なのは観光客のリピート率の高さだ。『喜多方市観光動向及び消費額調査報告書』（令和五年三月）によると、喜多方を訪れる観光客のうち、県外からの割合は六十五・六％で、「関東」（埼玉県、千葉県、東京都、神奈川県）からが二十九・五％で最も多く、次いで「近隣県」（宮城県、山形県、茨城県、新潟県、群馬県、栃木県）が二十六・六％となっているが、喜多方への訪問回数が二回以上という人は七十一％を超え、そのうち五回以上と答えた人が三十七・五％にものぼっている。何度でも訪ねたくなるほど魅力にあふれている証《あか》しであろう。

その成功からずいぶん時が経《た》った。参金会としての活動をしばらく停止していた時期もあった。だが今、参金会は再び声を上げようとしている。

令和六（二〇二四）年四月、民間組織「人口戦略会議」は、人口減少によって「消滅可能性」があると分析した七百四十四の自治体名を公表した。人口減少による地域の衰退というこの構図は、残念なことに、参金会が「ラーメン王国フェスティバル'88」を開催した当時とさほど変わってはいない。

一時はラーメンで町おこしに成功したものの、その効果は次第に薄れつつある。このまま行政に頼っていては、喜多方の衰退を食い止めることはできないだろう。住民自身が考え、声を上げ、行動し続けることが大切なのだ。

参金会のメンバーはすっかり減ってしまった。メンバーの高齢化も進んだ。果たしてどこまでやれるかはわからない。しかし、黙って見ている気はない。喜多方を、そして日本を元気にするために、これからもできることをやっていきたいと考えている。

本書は、参金会の創成期から事務局長を務めてきた荒井尚之《あらいたかゆき》が、会の中心メンバーだった矢《や》部善兵衛《べぜんべえ》、上野正雄《うえのまさお》らとの活動を中心に、参金会のこれまでの歴史を記録するものである。

私たち三人の人生はそれぞれ波乱に満ちたものだったが、それ以外の多くの仲間たちと共に紡いできた参金会の歴史もまたダイナミックなものであり、その記録の中には、これから先、日本の活性化を目指す人々が活動する上で大いに役立つヒントが必ずや含まれていると信じている。

なお、本書の制作にあたっては、執筆等においてザ・ライトスタッフオフィス代表・河野浩《かわのこう》一《いち》氏の協力を得た。ここに感謝を申し上げる。

※本文中、参金会のメンバーについては敬称を略させていただきます。

令和七（二〇二五）年正月

荒井尚之　参金会事務局長

喜多方物語

ラーメンで町おこしに挑んだ男たち

目次

第一章　参金会の誕生

第二章　参金会始動！

第三章 勝負の「ラーメン王国フェスティバル」

第四章

捨てきれぬ思いと、それぞれの道

序章 始まった地方からの挑戦

喜多方の活性化を目指した若者たちがいた

昭和五十六（一九八一）年七月、福島県喜多方市で、「参金会」という名の会が立ち上げられた。設立の目的は、「喜多方市を中心とする会津《あいづ》北部・西部エリアの活性化を目指そう」というものだった。

会員として名を連ねたメンバーは、喜多方市をはじめ、耶麻《やま》郡の町村に住む約五十人……。農業や果樹園を営む者、味噌《みそ》・醤油《しょうゆ》などの醸造《じょうぞう》業や造り酒屋、さらには農産物加工業者、観光業者、商店経営者や建築士、医療従事者、公務員など、第一次産業から第三次産業まで含めた、実に幅広い顔ぶれであり、その多くは、「行政の力だけではなく、民間の力で何かしよう！」という熱い思いを持った面々だった。

会では「三人寄れば文殊《もんじゅ》の知恵」のことわざにな

参金会の初期メンバー

らい、毎週第三金曜日に勉強会を行うことにした。

参金会と名づけたのは、「さんきんかいとしておけば勉強会の日を忘れることはないだろう」という理由からであった。

会長となったのは、塩川町商工会青年部長だった山口和之《やまぐちかずゆき》（二〇〇七年死去、享年六十二）だった。昭和二十一（一九四六）年生まれの山口は、中央大学法学部卒業後、家業（酒屋と宿泊業）を継いでいた。後に、福島県商工会・青年部連合会長、福島県地域づくりネットワーク21会長、行革国民会議メンバーなどを務め、地域の町おこしに尽力することとなる。

また事務局長となったのは、当時、会津若松市の総合会津中央病院（現在の会津中央病院）の薬局長を務めていた荒井尚之であり、会の事務局は荒井の自宅に置かれることとなった。

同年七月三日付で発効した参金会の規約は次のようなものだった。

在りし日の山口和之

【参金会規約】

名称

1．この会は、参金会（サンキンカイ）と称し以降「会」とする。

所在地

2．福島県喜多方市　荒井 尚之宅

目的

3．1981年　私達は、町の活性化として会津北部・西部（耶麻郡）・喜多方市周辺地域の持つ潜在的能力を発掘及びその活力を維持するまちづくりを推進する事を目的とする。

4．事業は、審査会の手案によって会長がこれを実施する。

役員

5．会に役員を置く。役員は会長及び副会長とする。
会長1名、副会長2名とし、会長事故あるときは、副会長がこれを代行する。

委員会

6. 会に委員会を置く。委員会は会長が招集する。
委員会の長は、会長が任命する。

顧　問

7. 会には、顧問を置くことができる。

8. 会に事務局を置き、役員を補佐する。
事務局長は、会長が任命する。

会　計

9. 会の会計年度は、毎年7月1日より翌年6月30日までとする。

10. 収入は、協賛金・寄付金・広告料をもってこれにあてる。

補　足

この会の規約は、1981年7月3日より発効する。

参金会　発足時の会員

氏名	勤務先	住所
秋野達夫	ホンダ金属技術㈱	喜多方市
穴澤清市	農業	喜多方市
荒井尚之	薬剤師・臨床検査技師	喜多方市
安西　順	安西会計センター	耶麻郡塩川町
石附賢治	石附製材所	喜多方市
上野正雄	喜多方市役所	喜多方市
上野健一	医療法人 昨雲会	喜多方市
梅木信夫	会津工建社	耶麻郡塩川町
遠藤忠一	北部土地改良区	喜多方市
遠藤英雄	㈱やまと	喜多方市
遠藤　学	保険コーディネーター	耶麻郡熱塩加納村
大内　正	建設事務所（係長）	耶麻郡塩川村
大竹和義	㈲大和電化サービス	喜多方市
小沢　奨	丸栄自動車工業	喜多方市
冠木　孝	㈾吉の川酒造店	喜多方市
唐橋一郎	唐橋工業所	喜多方市
唐橋通夫	ほまれ酒造㈱	喜多方市
楠山正敏	北塩原村役場	耶麻郡北塩原村
久保田昭夫	裏磐梯五色ファミリー	耶麻郡北塩原村
小荒井雄作	飯豊権現太鼓	耶麻郡山都町
小石川寿	喜多方警察署	福島市
小林富久壽	福島民報社喜多方支局	喜多方市
佐藤芳伸	大和川酒造	喜多方市
佐藤一男	共益社	耶麻郡塩川町

氏名	勤務先	住所
白井武男	白井建設設計事務所	会津若松市
菅井修二	塩川町役場 福祉	耶麻郡塩川町
関本亨二	関本看板店	喜多方市
髙橋　久	鈴木モーター商会	耶麻郡磐梯町
鶴巻智信	鶴巻鉄工建設㈱	喜多方市
内藤恒久	若松県税事務所	喜多方市
新国　武	塩川郵便局	耶麻郡塩川町
二階堂幸男	喜多方警察署	喜多方市
西岡誠治	埼玉大学政策科学研究科	埼玉県大宮市
二瓶浩一	㈲西会津建設	耶麻郡西会津町
芳賀裕元	耶麻新報印刷	耶麻郡塩川町
比嘉良二	キリンビール㈱	喜多方市
船形丈比古	喜多方税務署	喜多方市
星　宏一	㈴星商店	喜多方市
星　英男	東邦銀行喜多方支店	喜多方市
星　龍一	星醸造㈱	喜多方市
目黒徳雄	㈱太郎庵	河沼郡会津坂下町
物江光洋	君影蔵	喜多方市
安田　茂	㈲ホテルふじや会社役員	耶麻郡熱塩加納村
矢部栄作	酒大善	喜多方市
矢部博道	大善㈱	喜多方市
山内賢二	喜多方税務署	喜多方市
山口和之	塩川ユースホテルセンター	耶麻郡塩川町

スローガンは「抽象論の時代は終わった」

発足当時、参金会は、「地方からの挑戦　抽象論の時代は終わった」というスローガンを掲げた。それは、〝停滞しつつある喜多方に新しい風を巻き起こさなければならない〟という強い思いを込めたスローガンだった。

荒井は、当時を振り返って、次のように語る。

「その当時、会津北部地方はなんとも言えない閉塞感《へいそくかん》に包まれていた」

いったいどういうことか……。その真意に触れる前に、「はじめに」でも触れたが、まず、喜多方の地勢と歴史に触れておきたい。

喜多方の地勢と歴史

喜多方市は、東西約五十九キロメートル、南北約五十キロメートル、総面積約五百五十四・六三平方キロメートルで、福島県下第六位の広さを有している。福島県の北西部（会津盆地の北）に位置していることから、古くは「北方《きたかた》」と称されていた。

この地は、奥羽山脈に属する山々、越後山脈に属する丘陵、飯豊山《いいでさん》系の山々に囲まれ、田付川《たづきかわ》、押切川《おしきりがわ》、濁川《にごりがわ》などにより形成された複合扇状地に位置しているが、市の約六割が林野で、

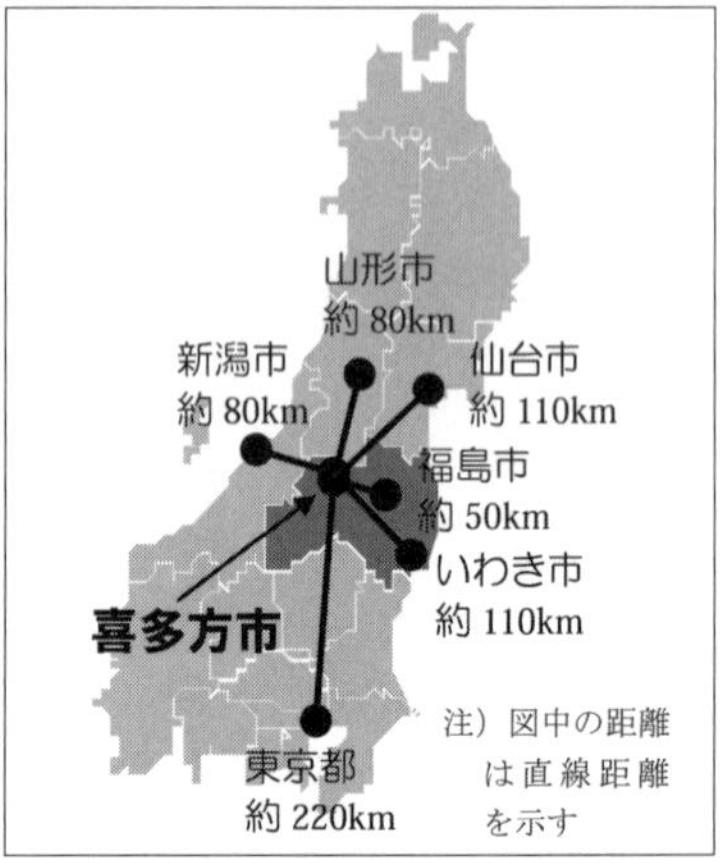

喜多方市の位置　出典：喜多方市役所HP

東部、西部、北部地域を中心に、山林が広がっている。一方、市の中心部から南部にかけては、平坦な地形で、良質な水と肥沃《ひよく》な土壌に恵まれており、市街地を囲むように、田園地帯が広がり、米作を中心とした農業も盛んだ。

地形的に恵まれたこの地には、旧石器時代から人が住みつき、集落を形づくっていたことがわかっている。そして、五～六世紀には、一帯を支配した豪族により、東日本最大級とされる屋敷や大規模な古墳が築かれた。

平安時代初めの大同二（八〇七）年には、奈良の学僧・徳一《とくいつ》により慧日寺《えにちじ》（耶麻郡磐梯町《ばんだいまち》）が建立され、会津仏教が栄えることとなった。慧日寺は、越後から会津に進出してきた平氏《へいし》の一族・城《じょう》氏との関係を深め、繁栄したが、源平合戦のときに平氏側に付いたため一時的に衰退することとなった。

平安時代後期に起きた「前九年の役」（一〇五一～一〇六二年）の最中の天喜《てんぎ》三（一〇五五）年には、源頼義《みなもとのよりよし》が、戦勝祈願のために熊野堂村（福島県会津若松市）に神社を勧進。さらに「後三年の役」（一〇八三〜一〇八七年）後の寛治《かんじ》三（一〇八九）年には、頼義の子・義家《よしいえ》が、その神社を現在の地（喜多方市慶徳町新宮）に遷座・造営した。現在も多くの信仰を集める新宮熊野《しんぐうくまの》神社がそうである。

新宮熊野神社　提供：(一社)喜多方観光物産協会

その後、鎌倉幕府が成立すると、有力御家人三浦《みうら》氏の一族だった佐原義連《さわらよしつら》が会津に所領を得て、その子孫たちが有力領主となっていったが、それは、身内による勢力争いの始まりでもあった。中でも、新宮氏と芦名《あしな》氏は壮絶な勢力争いを繰り広げたが、十六世紀には芦名氏が会津のほぼ一円を支配するようになり、喜多方は会津北方の経済・文化の中心となっていった。

江戸時代になり、会津藩の初代藩主となったのは第二代将軍徳川秀忠《ひでただ》の子であり、三代将軍徳川家光《いえみつ》の異母弟である保《ほ》科正之《しなまさゆき》だった。

この時代、城下町の若松が領国支配の中枢だったのに対し、北方《きたかた》地域は会津北部における経済的拠点に位置づけられ、街道の整備や、阿賀川《あががわ》（阿賀野川《あがのがわ》の福島県での名称）の舟

明治17年当時の耶麻郡役所　出典：喜多方市役所HP「喜多方の発展の歴史」

運の整備が進められた。その結果、定期市が立つようになり、交易のためにより人々が集まるようになっていった。またそれと同時に、藤樹学《とうじゅくがく》に代表されるような喜多方独自の文化も発展していった。

そして明治維新が起きて新政府の時代になると、生糸や繭《まゆ》・桑《くわ》などの商品作物の生産が増えたことに加え、酒・味噌・漆器・木工などの生産も拡大し、販路を拡大していった。

明治八（一八七五）年には、小荒井村《こあらい》、小田付村《おたづき》など五村が合併して「喜多方町」が誕生した。明治十四（一八八一）年には、町の人々の熱心な誘致により、耶麻郡役所が塩川から喜多方へ移された。

明治十六（一八八三）年になると、福島県令である三島通庸《みしまみちつね》により会津三方道路《あいづさんぽう》が整備された。会津若松《わかまつ》から南の栃木県日光市田島《たじま》・今市《いまいち》方面に向かう会津西街道と、西の新潟県東蒲原郡《ひがしかんばら》阿賀町津川《つがわ》・

加納鉱山全景　出典：喜多方市役所HP「喜多方の発展の歴史」

新潟方面に向かう越後街道、および北の山形県米沢《よねざわ》市方面へ向かう米沢街道の三つの街道である。こうして新たな幹線道が開通することにより、喜多方に喜多方製糸工場が開業するなど、新しい風も吹き込まれていった。

余談ながら、現在、喜多方が「蔵の町」と呼ばれているように、土蔵造りの建物が数多く残っているが、それは明治十三（一八八〇）年の大火で多くの家屋が焼失したことをきっかけに、人々が火事に強い土蔵を求めるようになったからだった。

そんな中、明治三十八（一九〇五）年に、加納鉱山（旧・熱塩加納村）が本格的に稼働すると、そこで多くの人が働くようになり消費が増加。景気が良くなった酒・味噌の醸造業者や商人たちが、富の象徴として、こぞって意匠《いしょう》に富んだ土蔵を立てるようになったとされている。その面影は、今も市内に四千二百棟以上残る蔵が伝えている。

以来、喜多方は地方都市として安定した発展を遂げていったといえるだろう。住民たちが自立して生活していける経済地盤がしっかりと築かれていたし、太平洋戦争でも空襲などによる大きな被害を受けることはなかった。

昭和二十九（一九五四）年には、岩月《いわつき》村、上三宮《かみさんみや》村、熊倉《くまぐら》村、慶徳《けいとく》村、関柴《せきしば》村、豊川《とよかわ》村、松山《まつやま》村と新設合併して喜多方市が誕生した。以来、参金会が発足するまで二十年以上の年月が流れていたが、喜多方は大きな変化にさらされることもなかった。

だが、そんな中で荒井をはじめとする参金会のメンバーは、「なんとも言えない閉塞感《へいそくかん》」を感じていたというのである。荒井は言う。

「私たちが参金会を立ち上げた当時の喜多方は、徐々に活力を失いつつありました。

喜多方市の人口は、昭和三十（一九五五）年には八万千二百五十七人を数えていましたが、昭和五十五（一九八〇）年には六万四百五十六人まで減少していきました。日本における多くの地方都市と同様に、若者の人口流出と、それにともなう高齢化がじわじわと進んでいたのです。

それに加え、日本の産業構造そのものもどんどん変わっていきました。喜多方にも多くの企業が進出してきていましたが、時代の流れの中、撤退する企業も出てきました。

しかし、危機感がないというか、何かを変えようという情熱がないというか……喜多方では、現状を打破して、新しいことを目指そうと動きがまったくと言っていいほど起きなかった。我々は、そんな喜多方を〝特定不況地帯〟と呼んでいました。

行政サイドがやることといえば、役にも立たないハコモノをやたらとつくるだけでしたし、市内の商工関係者の間から何かに挑戦しようと声を上げる人は現れませんでした。

期待すべき若い世代も、先代から受け継いできたことを踏襲しさえすればそれでいいという守旧派がほとんどでした。それこそ、カエルを水に入れた状態で常温からゆっくり沸騰させると危険を察知できないまま死んでしまう〝茹《ゆ》でガエル〟のような状態だったのです」

そうした現状に不満を抱き、反発する者たちが参金会に参加していたが、実はメンバーの多くは喜多方からいったん外に出た後に戻ってきた者が多かったという。外の世界を体験したからこそ、旧態依然とした喜多方の〝茹でガエル状態〟に気づき、「このままではだめだ」と強い焦燥感を覚えていたのである。

そう語る荒井自身も、実は、いったんは喜多方を飛び出した人間だった。

父親の直之氏は喜多方でタクシー会社を創設し、母親は美容院を営んでいたが、彼は喜多方高等学校を卒業すると日本大学理工学部薬学科に入学。そして大学卒業後の昭和四十四（一九六九）年に海上自衛隊に入隊し、防衛大学生と共に一般幹部候補生として広島県江田島市の海上自衛隊幹部候補生学校で学ぶこととなった。

薬学科を卒業して、薬剤師になれば安定した将来が待っているはずだった。だが荒井は、あえてその道を選ばず、まったく畑違いともいえる海上自衛隊に飛び込んだ。その理由はいったい何だったのか……。荒井に聞いてみた。

海上自衛隊へ入隊した荒井尚之

荒井が大学に進学した当時、日本には大学紛争の風が吹き荒れていた。日本大学でも、昭和四十三（一九六八）年に、裏口入学にからんで教授が多額の報酬を得ていたことが明らかとなったほか、国税局により大学当局に多額の使途不明金があることが明らかにされると、日大全学共闘会議（全共闘）が結成され、大学民主化を求める激しい闘争が繰り返されていた。同級生のほとんどが、全共闘の活動は間違っていないと思っていたし、実際に活動にのめり込んでいく者が多かった。荒井にも、闘争に参加するようにと何度も声がかかった。

しかし、荒井はそんな学生闘争の在り方に違和感を覚えていた。対立するだけではものごとは変わらない。まして暴力をもって解決できることなど限られていると考えた。そして選んだのが、海上自衛隊への道だった。荒井はこう振り返る。

「私が海上自衛隊に入ったのは、大学紛争の在り方に対する反発が原因だったのかもしれません。

卒業間際に、熱心に学生運動に参加していた同級生が『一九七〇年には我々はクーデターを起こす』と発言しました。それに対して私は、『それなら自分はクーデターを阻止するために

江田島の幹部候補生学校時代の荒井（上段、右より３人目）

海上自衛隊に入隊する』と心を決め、入隊を志したのです。

もちろん、変えるべきものは変えていかなければなりません。しかし、その一方で絶対に守らなければならないこともある。たとえば、国を守るということは、その一つであり、大切なことだと思いました」

とはいえ、幹部候補生学校時代はたいへんだったと振り返る。工学部薬学科卒であることなど、まったく関係なかった。幹部候補生学校でまず求められたのは、ひとりの海上自衛官としての能力だった。たとえばカッター（大型の手漕ぎボート）もまともに漕げないようでは、そもそも仲間として認めてもらえない世界だ。

そんな中で、私立大学の理系の学生だった荒井が、自衛官としての教育を受けていた防衛大学出身

練習艦かとり

者たちに伍《ご》していくのは容易なことではなかった。

それでも荒井が音を上げることはなかった。そして、なんとか幹部候補生学校の課程を終えた荒井は、昭和四十五（一九七〇）年度遠洋航海で、練習艦「かとり」（別名：セブンォーシャン）で世界一周することとなった。航海術、砲術、対潜水艦術の当直士官の訓練のためであり、航海日数は百四十二日間に及んだ。

寄港地は、東京～ミッドウェイ～サンディエゴ～バルボア（ロッドマン基地）～ノーフォーク～ポーツマス～キール～アムステルダム～アントワープ～ブレスト～ダガール～ケープタウン～モンバサ～コロンボ～横須賀だった。

日本の海上自衛隊は各寄港地で歓迎されたし、なかなかもてたが、この遠洋航海を経て、荒井は一人前の海上自衛官となれたような気がすると振り返る。

入隊して二年後の昭和四十六（一九七一）年一月、荒井は海上自衛隊舞鶴地区病院薬剤・資材係長に着任した。薬学部卒の経歴が活《い》かされることとなったのである。それを皮切りに、自衛隊中央病院衛生資材部薬剤課、岩国航空基地衛生隊などに勤務、その間、看護学校の薬剤学の講師なども務めることとなった。

この海上自衛官としての日々は充実していたという。その間、無線の専門的な資格も取得できたし、ロジスティックに関する知識も身につけることができた。だが、昭和四十八（一九七三）年、荒井は海上自衛隊を退官することとなった。

ドイツのキールに寄港したときの荒井

荒井が海上自衛隊を去ったのは、オイルショックを機に父親がタクシー会社を人に譲り、結婚式場「みどり結婚会館」を始めるにあたり、帰ってきて手伝うように言われたのが、ひとつのきっかけだった。だが、荒井はすぐに結婚式場を手伝うつもりはなかった。薬剤師としての力をもっと広く発揮できる場を求めていた。
そして喜多方に戻った荒井は、昭和四十九（一九七四）年一月、会津若松市の総合会津中央病院の薬局長として働くこととなり、投薬室のオープンシステム導入に尽力する

参金会の歴史を振り返る荒井尚之

一方、看護学校の薬理学と生化学の講師などを務めるようになった。また、父親が郡山市に建設した賃貸マンションの管理も手伝うようになった。

それから三年後の昭和五十二（一九七七）年、三十歳になった荒井は、薬局の事務をしていた女性と結婚し、結婚式場「みどり結婚会館」の経営を父から引き継いだ。結婚のいきさつについて、荒井は、「二十八ぐらいまではちょくちょく見合いの話もあったが、それを過ぎたらパタッと来なくなった。潮時だったし、結婚できて幸いだった」と笑うが、いよいよ喜多方に根を下ろすことを心に決めたということだったのだろう。

ひとりでもやる！

病院勤務の傍ら、荒井はボランティア活動にも積極的に参加していった。たとえば、障害者グループがつくっていた車椅子バスケットチームとも積極的に関わった。そして、その関係でつながりを持った全会津ボランティア会議（ZAVA）と協力して、障害者が働ける新たな施設の設立にも取り組んだ。

当時、障害者が働く場（授産施設）は社会福祉法人がほとんどで、どうしても補助金頼りになりがちだったし、運営も役人主導になりがちだった。それを嫌い、補助金なしで運営する組織を設立しようと動いたのだ。最初は、「そんなことできるはずもない」と誰も協力してくれなかった。しかし、荒井は諦めなかった。そして、昭和五十五（一九八〇）年七月には広域社会福祉会という財団法人を設立することに成功した。

「ボランティア」の語源である「ボランタス：Voluntas」は、本来「自由な意思」を意味していたが、古代ローマ時代には「義勇兵」を意味するようになった。さらにそれが「他者を助ける人」や「自発的に何かをする人」を指すようになっている。つまり、ボランティアの真髄は、何事も最初はひとりでやることにあるといえよう。このボランティアスピリットは、その後の彼の生き方でも貫かれていくことになる。

第一章

参金会の誕生

荒井と小林富久壽氏との出会い

一方、この頃、荒井の人生に大きな影響を与えるできごとがあった。福島民報社の喜多方支局長だった小林《こばやし》富久壽《ふくじゅ》氏との出会いである。

福島県出身の小林氏は会津高校を卒業後、早稲田大学教育学部に進学。在学中にはＭＲＡ（道徳再武装運動）に身を投じて一年留年したが、卒業後は福島民報社に入社した。

その小林氏は喜多方支局長に赴任すると、地元の若者たちに声をかけて勉強会を開いた。テーマはそのときどきに応じて様々だったが、小林氏が提示する話題は喜多方の若者たちに少なからぬ影響を与えていった。

また、この勉強会に参加した若者の多くは、大学進学や就職などで、喜多方からいったん東京をはじめとした都会に出た経験を持っていた。それだけ

写真右から芳賀《はが》裕示《ゆうじ》、小林富久壽、上野正雄

に、大きく変わりゆく世の中の動きも実感していた。ところが喜多方に帰ってみると、そこでは相変わらず旧態依然とした日常が繰り返されていた。彼らは無意識のうちに、そんな喜多方の在り方に不満を感じると同時に、喜多方の未来に強い焦りも感じていた。

小林富久壽氏が始めた勉強会は、不満や焦りを感じている若者たちを大きく刺激することとなった。勉強会でメンバーたちが酒を飲み交わしながら話すことといえば、「喜多方はこのままでいいのか」という話題が専《もっぱ》らとなった。

「今の喜多方には、何もしなくても、それなりに生きていける基盤はある。だが、それに甘んじていたら、衰退する一方ではないか。もっと元気のある町にしていかなければ、喜多方に明るい未来はないのではないか……」

いったん喜多方を出て生活することで、時代がダイナミックに変わっていくことを実感していた彼らだったからこそ、そんな思いをより強く抱いたのかもしれない。

そして、そんな思いが募っていく中で、言わば、自然発生的に参金会が誕生することになったのである。

ここで、荒井と共に参金会を支えた主要メンバーの中からふたりを紹介しよう。「はじめに」でも触れたが、上野正雄と矢部善兵衛である。

上野正雄の「踏襲主義」との闘い

上野正雄は、参金会の創設当時、喜多方市役所の職員だった。その上野は市役所の旧態依然とした在り方に大きな不満を感じていたし、「このままではいけない」と強い切迫感を抱いていたと振り返る。そんな不満や切迫感は、立場の違いこそあれ、参金会の創設に立ち会った誰もが大なり小なり抱いていたし、それぞれが抱くその思いが集まることで、参金会が誕生するだけの大きなエネルギーが生まれていったのではないだろうか。

上野は、昭和十九（一九四四）年九月生まれで、地元の喜多方高校から学法石川高校に転校、そこを卒業すると国士館大学政経学部に進学し、卒業した翌年に喜多方市役所の職員となった。そして、平成六（一九九四）年、五十歳を前にして退職するまで、市役所に蔓延《まんえん》する〝踏襲主義〟と闘うことになった。上野の話に耳を傾けよう。

「踏襲主義が幅を利かすのは、民間も役所も同じかもしれませんが、喜多方市役所の踏襲主義もひどいものでした。たとえば私が教育委員会に配属されていたときのことです。

お盆前のある日、業者さんが会計課の窓口にやってきました。とっくに終わった仕事の代金を集金するためでした。業者さんにしてみれば、何かと支払いが生じるお盆前になんとか回収したかったのでしょう。

ところが、窓口で対応した職員は、『伝票が回っていないから払えない。上司がいなくて決裁がいただけない』と繰り返すばかりでした。

確かに、そのとき市長も助役もいませんでした。しかし、書類はすでに揃っており、ハンコさえ押せばいい状態でした。それにもかかわらず、『伝票が回っていないから払えない。上司がいなくて決裁がいただけない』というのは、私に言わせれば、職員の怠慢そのものであると同時に、踏襲主義の最たるものでした。

そもそも行政には専決制というものがあります。

たとえば、市長や助役は、その権限を自ら行使するのが原則ではあります。しかし処分すべき案件が膨大な量になるとすべてを決することは困難ですので、権限の全部または一部を、他の者（専決権者）に任せることが許されます。

そこで私は、伝票を総務課長のところに持っていって、ハンコを押して決裁に回してもらいました。周りからは、『そこまでやるのか。上野は変わり者だ』と言われましたが、私にしてみれば、お盆を前に必死に金策に走っていた業者さんが窓口で待っているのですから、当然のことをしたまでのことでした。

また、その後、税務課に配属されたときには、こんなこともありました。

税務課は忙しい部署で残業するのは当たり前とされていました。当時はコンピュータもなく、ソロバンで作業していましたから、相当忙しかったことは確かです。私も最初は言われるままに残業をしていました。でも一年やったら、残業しなくてもちゃんと与えられた仕事をこなせることがわかりました。

そこで、残業せずに帰ったところ、係長から『先輩が残業しているのになんでお前はやらないんだ』と責められました。ところがそれに対して、若い者から、『上野さんができると言っているんですから、いいじゃないですか』という声が上がったのです。みんな、税務課は残業するのが当たり前という踏襲主義をおかしいと思っていたのです。そして結局、みんながそれぞれ仕事の進み具合に合わせて、残業をせずに帰る日も出てくるようになりました」

こうした経験を踏まえ、上野は「組織を改革するのは難しいことだが、おかしいと思うことはきちんと口にすべきだし、口にしたからには、人に何を言われてもいいからやり抜くことが大事だ」と考えるようになったという。

そんな上野に、昭和四十八（一九七三）年、声がかかった。参金会のメンバーにならないかという誘いだった。当時、上野は商工観光課労務係に配属されていたが、そのときのことを次のように振り返る。

「参金会の創設には、『現状にとらわれずに何か新しい改革をするんだ』という意気込みを持った人たちが集まっていました。そんな人たちから声をかけられたわけですが、『なんで俺に声かけるんだ』と言ったら、『それはお前が変わってっからだ』という返事でした。そんな誘いを受けて、私は、『異業者の方々からいろいろな意見も聞きながら、行政の立場から町づくりに参加できるのならおもしろい』ということで参金会への参加を決めたのです」

参金会に参加した後も、上野の踏襲主義との闘いは続いた。建設課に配属されたときのことだ。市役所の敷地内の蔵を補修整備したにもかかわらず、その周りは赤さびだらけの波トタンの塀で囲まれ、その中にはゴミが投げ捨てられて荒れていた。

市役所の施設管理は管財課の仕事だった。だが、それを見た上野は「おらのほうでやらせてもらえねぇか」と声を上げた。「予算はどうするんだ」という声には「予算なんて使わないでやりますから」と応えた。

建設課では失業対策事業を管轄していた。上野は、その職員と労働者、そして建設課の重機を使って敷地内の整備を進めようと考えたのだ。また、参金会に参加していた鉄工所の常務に頼んで、整備に必要な鋼材を切ってもらったりもした。市役所の周囲は見る間にきれいになった。さらに上野は東北電力にも足を運んだ。「これだけきれいになったんだから、東北電力に蔵をライトアップしていただくべ」という腹だった。

東北電力に行って上野は言った。

「東北電力は地方の人々といっしょに伸びていく会社ですよね」

「そのとおりです」

「じゃあ、喜多方にとって、蔵は観光の目玉ですので、なんとかライトをつけてもらえねぇか」

この上野の申し出を受け、東北電力は大きな水銀灯の照明を3基設置してくれた。

上野は振り返る。

「予算とか、そういうものも大事だけれども、自分たちが持っている能力と資材、そして周りの協力があれば、前例のないことでもできるんだということがわかりました。結局、改革というのは、人に何を言われてもいいからやり抜くということが大事だと思うんです」

ちなみに、参金会の一員となってしばらくした頃、上野は、次のような提言の文書を書き残している。少々長いが、全文を紹介する。当時、参金会のメンバーたちが何を目指していたかを理解するうえで大きく役立つからだ。

「地域活性化への提言」

今日、私たちは、「まちづくり」や「地域の活性化」という言葉の響きにすっかり慣れてしまっている。十数年も前から、「地方の時代」と呼ばれ、地域の活性化を目指す数多くの提言もまた、耳にしてきた。

しかし、もう、この時期において、提言を抱えている時ではない。世界の経済が低成長時代に入る前に「まちづくり」は終わっていなければならなかった、と思われるからである。

今、成すことは何か、それは、二十一世紀を目指して旧態依然の行政と訣別《けつべつ》することである。これからは、市民のアイデアが行政を動かす時代であると思うからである。行政側もそれに対応し得る能力を身につけて、市民のアイデアを、どのようにしたら「喜多方のまちづくり」に活《い》かすことができるか。たとえば、『まちづくり審議会』なるものを発足して、その中で必ず答えを出していく方法をとれば、自然と、市民がまちづくりに参加していくという体系ができるのではないか。

これを、これからの喜多方の「まちづくり」の基本理念とし、行政と市民が一緒に考え、行動を共にするならば、二十一世紀の喜多方は明るい未来を勝ち取ることができると信じる。

私は、それを踏まえて、まちづくりの方法を二、三、自分なりに考え、また、参加しやすい方法を特記したいと思います。

1．喜多方の町はもちろん、会津北部の中核都市としての活性化には、どうしても避けて通ることのできない問題、それは企業誘致であります。円高ドル安という大変な時代に入っておりますが、今こそ、近隣町村七万人の叡知《えいち》と行動を以ってするならば、不可能ではありません。思い起こしてください。二十五、二十六年前、私たちの地域から集団で就職していった時期がありました。中央の要望に応えてきたのです。その逆をすれば良いのです。

近隣町村と一緒になって、集団で誘致列車を仕立てるのです。会津会や県人会、そして国会議員の方々が顧問や相談役等で関係しているあらゆる会社をリストアップし、喜多方と近隣町村の特徴ある受け皿のビデオを作成することです。

何も、会津若松・郡山・福島に勝とうというのではなく、喜多方と近隣町村にしか無いという精一杯の誠意を尽くして、何度もお願いする「継続は力なり」の精神で進むのです。

何事もコミュニケーションが大切です。「……講」というときにはバスを仕立てて二泊三日の旅行に出かけるのですから、これくらいの行動ができないはずはありません。アッと驚くようなことをする。そしてマスコミを動かす……これからは「創意・工夫」が必要なのです。

また、喜多方はこれまで大災害に見舞われたことがありません。これは企業を誘致するうえでおおいにPRすべきことです。未来を確実なものとするため、夢と希望を持って「企業誘致集団列車」を実現しましょう。
2. 喜多方と近隣市町村にある地場産業は、それぞれの先祖が血と汗を流して築き、育んできたものです。ここで絶やしてはなりません。大手の真似《まね》をする必要はないのです。なぜなら、大手は一般的に受けるために、知恵と金を投資していますが、私たちの地場産業が、それをしたら駄目になると思います。一番良い例が酒であり、醤油《しょうゆ》ではないでしょうか。

酒は戦後、アルコールの添加により、一律同じ酒づくりを目指してきたといっても過言ではありません。これでは、大手に市場を占有されても仕方がないでしょう。

「呑《の》めれば、食べられれば良い」という時代は終わったのです。国民すべてが「中流以上の生活を求めている」と答えているではありませんか。

国民全体が飽食の時代に入ってきました。今こそ、喜多方の特徴ある「産業づくり」を市民全体で築き育てていかなければなりません。業者の考えを商品化するのも大事ですが、消費者のニーズに応え、一歩踏み込んで、アイデアを募集して製品化、いわゆるオリジナル化を図るのも一つの方法と思われます。

さらに、行政としては当然ですが、市民の方々にも地元製品を使用するようにお願いし指導しても、行き過ぎとはならず、地場産業の育成のうえからも必要と認められます。また、販路の拡大においては、県と市と近隣町村が一体となって計画を立て、さらに住民の協力を得て、東京のデパートで春・秋と年二回の割合で「蔵の町物産展」を開くことも一計だと思います。野菜を無料で配り、ラーメンを食べていただき、蔵の写真展・絵画展等の行事を行うのです。

これからは、特徴のあるアイデアと、討って出ること、大手がやらない御用聞きの商法も大切と思われます。もはや、待ちの商法は終わった。胸を張って地元の製品を使用し、紹介しましょう。

3. 喜多方で今、一番注目されているのが「蔵の町喜多方」の観光であります。

観光振興は、地域に経済的波及効果を与えるばかりではなく、地域固有の文化の振興にもつながり、環境整備を促し、さらに地域住民の一体感を喚起するといったように、地域社会の活力浮揚に大きく貢献します。しかし、観光は長い目で見なければなりません。簡単で取り掛かりやすく見えますが、なかなか難しい。継続的な予算と住民のコンセンサス、そして道徳的なマナーが整わなければ育たないばかりでなく、投資した金と時間が無駄になり、大変な市民的損失に繋《つな》がってしまうのです。

観光には、夢とロマン、そして歴史と地域性の四つが必要です。具体的な施策として、次のようなものが考えられます。

(1) 喜多方の駅前から産業道路、喜多方高校前、国道一二一号線の喜多方熊倉三丁目線までの道路両脇に桜の苗木を植える。

(2)上町の石嶋米店前から豊川の高吉踏み切りまで、一間幅の可変式水路を道の真ん中につくる。水は直接、濁川から導水管で引く。水がないときは、消雪パイプの水を使用する。この区間は、両側に下水の側溝があるので条件が良い。

この道の利用方法はいろいろあると思うが、たとえば歩行者天国とし、車での納品は時間で制限する。これからは、老人が安心して孫の手を引いて、ゆっくりと、また遊びながら買い物ができる、いわゆる「ゆとり・快適性」のあるコミュニティーの「場」の確保、商店の方もスーパーでは味わえないところに着眼する必要があると思われる。

観光客の安らぎは、水、緑、そして真心（温かいおしぼり的）と言われている。人間が生きていると感じるのは、季節の変化を肌で感じることではないか。

(3)「蔵の町喜多方」の年間イベント計画表を作成し、そこには、市民がいずれかのイベントに参加するようにする。第一次産業〜第五次産業に分類して、市民と行政と観光協会とが一緒になって行動する。年に一回、夏には全部一緒になって大イベントを企画する。それらにあたり、「イベント基金」をつくり、市民の協力を願い、子ども・孫たちが「楽しかったなあ」と思い出に残ることを、私たち大人の責任でやる。そうすれば、おのずと観光客は集まってくるのではないか。

(4)これからの観光は「つくる観光」も必要と思われる。体系化された受け入れ、マスに対処し得る観光開発を目指すことも大切ではないか。

最後に一つ提案したい。男根を象《かたど》った御神体で知られる豊川町の田中神社を、本格的に世に出してはいかがなものか。もっとも、氏子総代の同意を得ることが必要ではあるが、「安産」そして「子どもがほしい」と真剣に願っている人は多い。そこで、日本一の御神体をつくってはどうか。ただし、これは真剣に取り組まなければ〝おふざけ〟に終わってしまうであろう。

(5)「レンガ一個運動」を毎年、市民の協力で推し進めて、蔵に続く幅一メートルのレンガ道をつくってはどうか。途中には井戸を掘り、手押しポンプを設置して、観光客の「潤いと遊び場」とする。毎年少しずつ計画的につくるところに市民の喜びも生まれる。

4．市と行政区が一体となって、老人と子どもが安心して生活できる町づくりを目指してはどうでしょうか。二十一世紀に向かい、確実にやってくる高齢者時代に先取りした対応を施策として打ち出す必要があると思います。

行政区にある集会所に、名前はどうでもいいのですが、たとえば「新人類と旧人類の家」という宿泊施設を併設して、区のお年寄り（身寄りのない人・希望する人）が、自分たちで老後の生活環境を整える方式にする。そこに、これからますます増えてくる共稼ぎ家庭の子どもたちをドッキングさせて、子どもたちが楽しく、親が安心して働ける環境を整えてみたらどうでしょうか。

区の集会所を「コミュニティーの場」として、子どもの教育に高齢者の「知恵」を、高齢者の相手に子どもの「愛」をもって、互いに協力していく形をつくり上げていくことが、今まさに求められ、必要となってくる「アニメティー構想」ではないでしょうか。そして、私たち大人は、常に快適性を持続できるよう模索し、努力を惜しんではなりません。なぜなら、いずれは自分たちも遭遇する問題だからです。

行政はでき得る指導と適切な助言を積極的に行い、管理運営は区でするようにし、自立自助の精神を築き上げることが必要だと思います。

町の地域活性化は、行政と民間との役割分担、連携が最も大切なことです。行政任せ、人任せでは駄目です。今こそ、みんなの叡知を結集して、町づくりを興す時です。

理論の時代は終わりました。もう、勉強も十分したのです。提案されたものを、具体的にどう実施していくかを、今、目的とすべきです。

私は市職員として、今、市民が何を求め、何を望んでいるのかを感じ取り、対応したい。自分たちの権利を守ることも大切ですが、常に市民から委託されて仕事をしていることを忘れず、真剣に地域活性化に取り組みたいと思うのです。

市民の税金を有効に生かし、市民に還元でき得ることは何かを、職員全体で追求する時代に入ったことも忘れてはならない。行革は今、避けては通れない。そのことを「地域活性化」の基本として行動したいと思います。

この提言を読んで浮かび上がってくるのは、当時の喜多方市役所において、かなり異質な存在だったであろう上野の姿である。上野自身、「周囲から浮いていたし、嫌われていた」というが、当時、喜多方市役所に、これほどまでに地域活性化に情熱を燃やし、具体的に提言した職員が他にいたのだろうか。仮にいたとしてもごくごく少数派だったに違いない。

そして、そんな上野は、参金会にとっても実に貴重な存在だった。

事務局長を務める荒井にとっては肝胆相照《かんたんあいて》らす仲だったし、企画の立案や実現にあたり、特に行政サイドとの交渉などでおおいに力を発揮することとなったのである。

進取の気風を持った経営者――矢部善兵衛

続けてもうひとり、参金会の創設メンバーである矢部善兵衛を紹介しておかなければならない。彼もまた、参金会を語るうえで欠かせない存在だからである。およそ「喜多方人は負けん気が強い」といわれるが、矢部は、まさにそんな気質を色濃く受け継いだ人物である。現在、

明治40年代の「大善呉服店」
出典:『喜多方の歴史〜町づくり・みちづくりの歴史』喜多方地域資源調査懇親会 編集

大善《だいぜん》という物流会社を経営しているが、参金会の中核のひとりとして欠かせない存在だった。

大善は、今でこそ物流会社として発展しているが、そもそもは、延宝三（一六七〇）年に両替商として創業した後、大善呉服店の号で呉服商を営んでいた歴史を持ち、喜多方らしい大きな蔵を持つ商家として知られていた。そんな旧家に生まれた善兵衛は、それこそ〝大店《おおだな》のお坊ちゃん〟だった。

その矢部は、地元の中学を卒業すると、東京の麻布高校に進学し、卒業後は立教大学経済学部に入学した。その頃には、大善呉服店は大善倉庫へと業態を変えていたが、矢部が二十歳のときに父親が急逝してしまった。そこで、事業はひとまず母親が引き継ぎ、矢部は大学卒業を待って、東京の倉庫会社に就職した。目まぐるしく変貌してい

参金会の中核メンバーのひとり、矢部善兵衛

く物流の現場に身を置き、最新の倉庫業を学ぶためだった。

その矢部が事業を継ぐために喜多方に帰ってきたのは、昭和五十二（一九七七）年のことだったが、今では大善の営業拠点を広げ、ミャンマーなど海外への進出も果たしている。まさに時代を先駆ける、進取の気風を持った喜多方人のひとりと言えよう。

その矢部は、参金会創設当時の喜多方を次のように振り返る。

「昭和五十年代というと、まだまだ地方が良くなっていく、地方は伸びていくとされていた時代で、喜多方も勢いがありました。そんな中、ロータリークラブで知り合ったのが福島民報社の小林富久壽さんでした。

彼は私より五歳ほど年上ですが、相手かまわず、ずけずけとものを言うせいで、最初は『なんだか生意気な人だなぁ』という第一印象を受けました。お酒を飲みながら、『ロータリークラブの人たちと付き合うなら、もっと紳士的にしたほうがいいですよ』とアドバイスしたこともあるほどです。

とはいえ、私自身は小林さんと話すのが刺激的で楽しかったので、何かと親しくしていました。そんなある日、小林さんから急に、『矢部さん、素晴らしい人たちと、ある会をつくるから来てくれ』という電話がありました。私が急いで福島民報社の喜多方支局に行くと、大勢の人が集まっていました。その中に、顔を見知った人は誰もいませんでしたが、熱気にあふれており、『毎月、第三金曜日に、勉強会をやろう。だから参金会だ！』と盛り上がっていました。どんな会なのか聞くと、『自分の言いたいことをなんでも言っていい会だ』と言います。いかにもおもしろそうな話でした。そんな流れの中で、私は参金会の一員となったのです」

以来、矢部は荒井らと共に、参金会を動かす中心メンバーのひとりとなっていったのである。

第二章

参金会始動！

中国に日本の教科書を送ろう！

こうして誕生した参金会が最初に手掛けた大きな企画は、歴史教科書をめぐり悪化した中国との関係を修復する一助とするために、「国内で使用した小学生の教科書を中国に送ろう」という運動だった。

日本と中国は、昭和四十七（一九七二）年に田中角栄政権下で日中国交正常化を果たし、昭和五十三（一九七八）年には福田赳夫《ふくだたけお》政権下で日中平和友好条約を締結していた。

ところが昭和五十七（一九八二）年、日本と中国、韓国との関係がぎくしゃくし始めた。日本の新聞が、「日本の教科用図書検定において、日本軍が〝華北に『侵略』〟と書かれていたものが、文部省（現在の文部科学省）の検定で〝華北へ『進出』〟という表現に書き改めさせられた」と報道したのがきっかけだった。特に中国政府はこの問題を大きくとらえた。そして、大々的に「歴史教科書改ざんキャンペーン」を展開し、ついには日本政府に正式な抗議をしてきて、外交問題にまで発展した。

しかし、激しく反発していたのは中国政府と一部の中国国民であって、民衆レベルでは、まだまだ日中友好を深めたいという機運が続いていた。

実際、参金会には「中国国内には日本語を勉強したいと望む人が多い」という話が届いていた。たとえば、喜多方市は、昭和五十五（一九八〇）年から、中国の若者を農業研修生として受け入れていたが、その彼らを通して「日中関係を改善したい」との生の声も伝えられていた。

そこで参金会は、前述したように使用済みの小学校の教科書を中国に送ろうということになり、プロジェクトを立ち上げたのだ。昭和五十七（一九八二）年十一月には、次のような文書も作成し、広く協力を呼び掛けた。

中国へ日本の教科書を送る運動に協力をお願いします。

日中の国交が回復して10年、中国では〝日本語熱〟が高まる一方です。どんな町に行ってもカタコトの日本語で話しかけてくるほどです。ちょうど、アメリカ人が来たとき、ブロークンな英語で話しかける日本人の状態に似ています。

しかし残念なことに中国では日本語のテキストが極度に不足しています。30年前に比べ大幅に発展はしましたが、まだ物質的には貧しい〝隣人〟です。テキストが足りないため、先生のテキストを全部書き写した生徒もいるほどです。

わが国は、昔から中国から多くの恩恵を受けてきました。あれほどの迷惑をかけたにもかかわらず、賠償金の一文も要求してこなかった事実は、今でも心ある日本人の胸を打っています。

私たち会津の青年は、中国に教科書を送る運動を始めました。10億の民にとり、私たちの行為は、大海への一滴かもしれません。しかし、〝小さな友情〟の積み重ねが真の親善友好関係を確立するものと確信します。古くなった教科書を私どものもとに送ってくださいませんか。

喜多方に表敬訪問した中国大使館参事官一行との記念写真

この喜多方から発信された呼びかけに対する反響は大きかった。新聞にも取り上げられ、続々と教科書、絵本、辞典等が送られてきた。また活動に参加した若者たちが手分けして、会津地方の全小中学校を訪ねて協力を要請したこともあって、たちまち六千冊を超える本が集まった。

そして集まった約七千冊の本は、参金会の設立メンバーのひとりである矢部善兵衛が経営する「大善倉庫」(現・大善)にいったん保管・整理され、そこから横浜港に運ばれ、昭和五十八(一九八三)年十二月には、中国・北京市の中国全国青年連合会に向けて送り出された。

この活動は中国でも高く評価された。年が変わった昭和五十九（一九八四）年一月、「会津青年友好訪中団」が、中国全国青年連合会の招待を受ける形で訪中し、一週間をかけて上海、南京、北京を訪れて、各都市で中国の若者たちと交流の輪を広げた。

訪中団の団長は、大正七（一九一八）年創業の「ほまれ酒造」常務取締役だった唐橋幸市郎《からはしこういちろう》氏（後に会津喜多方商工会議所の会頭）だった。

また、昭和六十（一九八五）年三月には、教科書を送る運動に対するお礼として、中国大使館参事官一行が喜多方へ表敬訪問したし、翌年には中国青年連合会の招待で、参金会メンバーの北京、上海への日中友好訪問（参加人数二十一名）も実現することとなった。こうして、参金会の初めての取り組みは成功裏に終わったのである。

次のプロジェクトは「村づくり・町づくり会津シンポジウム」

前述したように、中国へ日本の教科書を送る運動を進める一方で、荒井らは早くも次のプロジェクトに着手していた。「第一回　村づくり・町づくり会津シンポジウム」の開催である。このとき、実行委員長となったのは参金会の代表だった山口和之だった。

開催予定日は昭和五十八（一九八三）年十月、開催予定地は熱塩加納村《あつしおかのうむら》（現・喜多方市熱塩加納町）とした。このとき、なぜ、喜多方ではなく、熱塩加納村で開催したのか。その理由は、当時の喜多方は、長く続いた唐橋東《あずま》市長の革新市政下であり、会が成功した場合、「郷党の論理」をもって、会の成功を市の手柄にされかねないと考えたからだった。それでは、地道に努力した者がバカを見る。そこであえて、喜多方を開催地候補から外したのである。

また、「ただ開催しても仕方がない」というのが、メンバーたちの一致した意見だった。それこそ、抽象論だけに終始するようでは、せっかく開催する意味がない。抽象論の時代は終わった。開催するシンポジウムを、喜多方に新しい風を吹き込むきっかけにしたい……。では、誰を講師として呼ぶのか。参金会では熱い議論が続いた。

折りから、「一村一品運動」が注目を集めていた。その始まりは、大分県日田《ひた》郡大山《おおやま》村（現・日田市）が昭和三十六（一九六一）年から行っていたNPC運動（New Plum and Chestnut運動）だった。

大山村は山間部に位置し、稲作に適していない土地柄だった。その大山村の長（のちに町長）だった八幡治美《やはたはるみ》は、「ウメ・クリ植えてハワイに行こう」をスローガンに、山間部でも発育可能で、農作業が比較的楽な農作物を生産して出荷するほか、梅干しなど付加価値が高い商品に加工して販売する運動を展開して成功させていた。この動きは、その後、大分全県に拡がり、シイタケ、カボス、ハウスミカン、豊後《ぶんご》牛、関アジ、関サバ、大分麦焼酎など実に様々な特産品を創出し、日本全国に通用するブランドを生み出すこととなったのだが、「まず、その八幡治美を講師に呼ぼう」ということになった。

また、会津北部における医療の充実も重要なテーマだった。そこで、岩手県和賀《わが》郡沢内《さわうち》村（現・西和賀《にしわが》町）の健康管理課主幹であった照井富太《てるいとみた》氏にも講師を依頼した。

沢内村は、昭和三十二（一九五七）年に村長となった深沢晟雄《ふかさわまさお》氏のもとで積極的に医療改革を進め、医療費無料化や乳児死亡率ゼロを達成するなどすばらしい実績を挙げていた。残念ながら、深沢氏は昭和四十（一九六五）年に村長在職のまま亡くなっていたが、その深沢氏を健康管理課主幹として支えていた照井氏に、語り継がれている「深沢精神」を語ってもらおうと考えたのである。

さらに、参議院議員だった丸谷金保《まるたにかねやす》氏にも講師を依頼した。丸谷氏は、昭和三十二（一九五七）年に北海道中川郡池田町の町長となり、五期二十年を務め、その後、参議院議員に転身していたが、町長時代には十勝ワイン事業を成功させ、「ワイン町長」として知られていた。

幸い、講師を依頼した三人から快諾を得ることはできた。

しかし、もっとインパクトのある講師を呼びたかった。シンポジウムを成功させるための目玉だ。そこで出てきたのが、当時、国民的に注目されていた「第二次臨時行政調査会」の関係者を講師に招こうというアイデアだった。

昭和五十六（一九八一）年三月、鈴木善幸《すずきぜんこう》政権下において、「増税なき財政再建」を達成すべく、行財政改革についての審議を行うためとして、第二次臨時行政調査会が設置されていた。会長となったのは、石川島重工業、石川島播磨重工業、東芝などの社長・会長を歴任後、経済団体連合会第四代会長を務めた土光敏夫だった。

彼は「ミスター合理化」と呼ばれる一方で、質素な暮らしぶりから「メザシの土光さん」の愛称で呼ばれ、国民の多くが第二次臨時行政調査会を「土光臨調」と呼んで大きな期待を寄せていた。

そんな中、荒井らは、「第一回 村づくり・町づくり会津シンポジウム」の開催にあたり、話題の土光臨調の関係者を呼ぶことで、より大きな効果を上げようと考えたのだ。

「本当は土光さんを呼びたいところでしたが、さすがに難しい。そこで、経済団体連合会（経団連）の秘書室調査役で、土光会長の秘書室調査役を務めていた並河信乃《なみかわしの》さんに講師として出ていただきたいとお願いすることにしたのです」（荒井氏）

とはいえ、前触れもなく押しかけたところで、すんなりと引き受けてもらえるとは思えなかった。どうしようかと考えているところに、経団連で「並河信乃君の前途を祝う会」が開かれるという情報が入ってきた。

荒井らは、「それこそチャンスだ」とばかりに、その会場へと押しかけた。引き受けてくれ

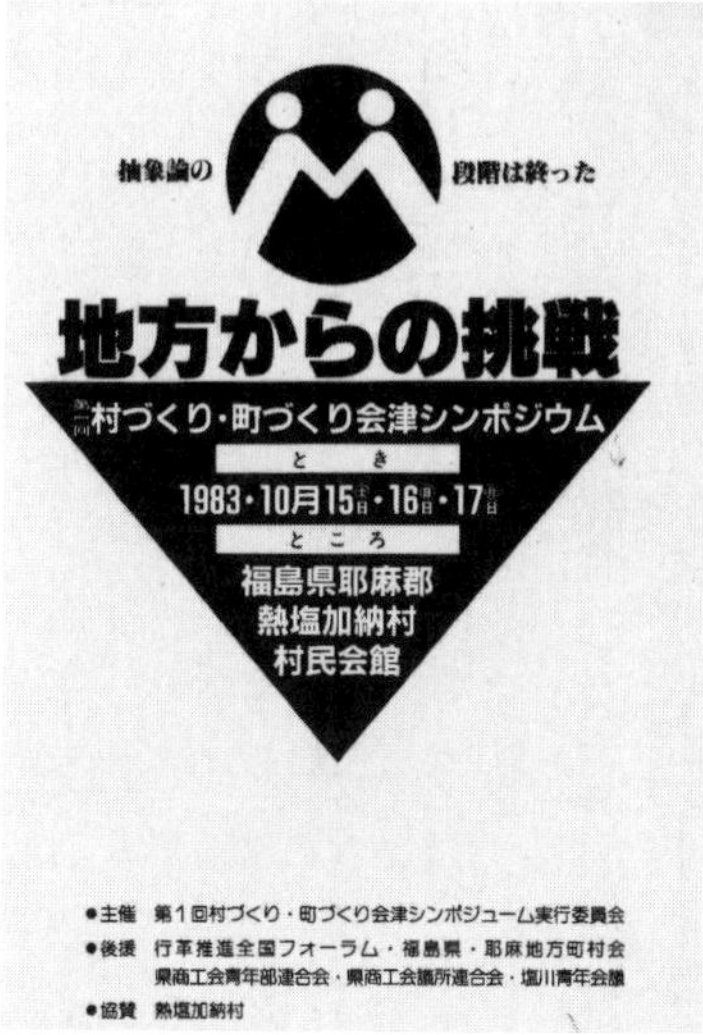

第１回村づくり・町づくり会津シンポジウムのポスター

るかどうか、まったく確証はなかった。しかし、本物の熱意は伝わるものである。並河氏は多忙を極めているにもかかわらず、シンポジウムでの講師を快く引き受けてくれた。

そして、「第一回 村づくり・町づくり会津シンポジウム」は、四人の講演者を招いて、昭和五十八（一九八三）年十月十五日から十七日までの三日間、熱塩加納村の村民会館において開催されることとなった。

「第一回 村づくり・町づくり会津シンポジウム」の成功

結論から言おう。「第一回 村づくり・町づくり会津シンポジウム」は大成功だった。シンポジウムには、北海道から九州まで全国から三百人あまりが参加して、講演を真剣に聞き入ると同時に、深夜まで様々な意見交換が行われた。

次ページの写真は、講演に真剣に耳を傾ける参加者たちの様子である。写真右には、若かりし頃の荒井の姿も写っている。

参金会による初の大きなシンポジウムだったが、会場は熱気にあふれていた。そのときの式次第と講演のあらましを紹介しておこう。

第一回村づくり・町づくり会津シンポジウムの会場前

【第一回 村づくり・町づくり会津シンポジウムの式次第と講演のあらまし】

〇十月十五日の式次第

・十一～十二時　受付（村民会館一階ロビー）
・十二～十三時　昼食（村民会館二階研修室）
・十三～十四時　開会セレモニー・オリエンテーション（村民会館三階大ホール）

・十四〜十八時　講演（村民会館三階大ホール）

★演題「ウメ・クリ植えてハワイに行こう」

八幡治美 大分県大山町農協組合長

・十八〜二十一時三十分　歓迎レセプション（村民会館三階大ホール）

・二十一時三十分〜　宿舎移動

〔八幡治美氏のプロフィールと講演のあらまし〕

プロフィール

明治四十五（一九一二）年、大分県生まれ。酒造業から、戦後農業に転ずる。昭和二十九（一九五四）年に大分県大山村農協組合長、同三十（一九五五）年に同村村長となり、昭和四十四（一九六九）年の大山町成立で町長となる。昭和三十六（一九六一）年より、米作にたよらない農業をめざして「ウメ・クリ植えてハワイに行こう」をスローガンに独自の

熱心に講演に聴き入る参加者たち。右端が荒井

村づくりを推進。「一村一品運動」の先駆けとなった。平成五（一九九三）年十月一日死去。享年八十二。

講演のあらまし

不安定な農業経営の繰り返しを断ち切るために、大山町は次元の高い農業を求め、「NPC運動」（New Plum and Chestnut運動）を起こした。生産から加工、販売まで行うことにより、メリットの少ない農業生産に付加価値をつけ、農産物の価格安定を求めたのである。水田をつぶし、山の斜面を切り拓《ひら》き、梅、栗《くり》など加工しやすいものが植えられていった。加工工場も建設され、若者たちもUターンしてきた。まさに1・5次産業は、農家も商家も区別なく、そこに住む人全体が、なんらかの形で繰り込んでこそ生き残る産業といえる。

〇十月十六日の式次第

・六〜七時　座禅（示現寺《じげんじ》）
・七〜八時　朝食（熱塩温泉各宿舎）
・八〜九時　会場移動
・九〜十二時　講演（村民会館三階大ホール）
★演題「臨調の目指すもの」　並河信乃　経団連秘書室調査役・土光臨調会長秘書
・十二〜十三時　昼食（村民会館二階研修室）
・十三〜十六時　講演（村民会館三階大ホール）
★演題「沢内村の保健行政」　照井富太　岩手県沢内村健康管理課主幹
・十六〜十七時　リクリエーション（村民体育館）
・十七〜十八時　夕食（村民会館二階研修室）
・十八〜二十一時三十分　講演（村民会館三階大ホール）
★演題「本物の町づくり」　丸谷金保　参議院議員
・二十一時三十分〜　宿舎移動

〔並河信乃氏のプロフィールと講演のあらまし〕

プロフィール

昭和十六（一九四一）年、神奈川県生まれ。東京大学経済学部卒業。経団連事務局、土光臨調・行革審会長秘書などを経て、行革国民会議の理事兼事務局長に就任。その他、自治体議会政策学会顧問、日本自治学会監事、拓殖大学客員教授などにも就任し、民間の立場から行政改革を提言した。平成二十七（二〇一五）年十一月十日、旅行先のチェコで死去。享年七十五。

講演のあらまし

行革の必要性をただ抽象的に主張していても、もう問題は解決しない。それぞれの地域がどうすれば自立できるのか、地方自治の在り方はこれでよいのか、政治は本当に国民の立場で行われているのかといった、臨調では取り上げられなかった問題も、私たちは積極

的に参加し、おおいに論議すべきである。

〔照井富太氏のプロフィールと講演のあらまし〕

プロフィール

大正十五（一九二六）年、岩手県生まれ。深沢晟雄氏の選挙運動に参加して、深沢氏の生命尊重の考えに共感し、昭和三十六（一九六一）年より沢内村役場の職員となり、「生命行政」を掲げる深沢晟雄村長のもとで、健康管理課主幹として村民の健康を守るための医療改革を進め、退職した後も、折りに触れ、生命行政の必要性を語り継いできた。

講演のあらまし

沢内村は「貧困・多病」の村であった。特に冬場は、豪雪による生活道路の寸断で乳幼児死亡率がワーストとなっていた。そんな悲惨な「宿命」を背負った

村だったが、村の資金でブルドーザを購入して、冬の生活道路を確保した。さらにその後、社会福祉協議会が予防医学を推進した結果、日本一の健康村と言われるようになっていった。それは生命尊重の行政内容とその行政に呼応した村民の協力がつくりあげた歴史の成果だった。

〔丸谷金保氏のプロフィールと講演のあらまし〕

プロフィール

大正八（一九一九）年、北海道生まれ。十勝日日新聞の編集長を経て、昭和三十二（一九五七）年に中川郡池田町の町長に初当選、北海道で唯一の社会党町長として話題を集め、十勝ワインを開発したことで知られる。昭和五十二（一九七七）年の第十一回参議院議員通常選挙に当選して国政に転出。二期十二年を務めた後、政界から引退。平成二十六（二〇一四）年六月三日死去。享年九十六。

講演のあらまし

二十年前までは農業中心の平凡な町に過ぎなかったが、ワインをつくり、レストランを経営し、老人対策の陶器制作などの試みが知られるようになり、年間六十万人の人たちが訪れるようになった。いつも考えていたことは、池田町に住んでいる町民が、どう楽しく生きていけるか、池田町の特性を生かして何をするか、豊かさとは、心が豊かになって本当に豊かになったといえるのではないか、であった。町民に還元される行政が、町民の理解と、地域ぐるみの活動となって現れ、新しい文化をつくってきたのではないかと思う。

○十月十七日の式次第

・七～八時　朝食（熱塩温泉各宿舎）
・八～八時三十分　会場移動
・八時三十分～九時三十分　講演（村民会館三階大ホール）
前日に引き続き、**演題「本物の町づくり」**　丸谷金保 参議院議員
・九時三十分～十時　全体会議（村民会館三階大ホール）
・十～十一時　閉会セレモニー

この三日間に及ぶシンポジウムの最終日に行われた全体会議では、次のような「地方からのメッセージ」が提言され、参加者の承諾を得て採択された。

【地方からのメッセージ】

一・自立自助を目指す地方をつくろう
一・清潔で明るく豊かな地方をつくろう
一・ほんとうに弱い立場の者に光を与える地方をつくろう
一・ぜい肉のとれた行動的な地方自治体をつくろう
一・郷土の再建をはかり日本をかえよう

第一回 村づくり 町づくり会津シンポジウム

盛会のうちに終わったシンポジウムにおける講演の詳細は、『地方からの挑戦　第一回 村づくり 町づくり会津シンポジュームの記録』（昭和五十九年十二月一日発行）として出版された。同書には土光敏夫氏から、次のような言葉も寄せられた。

村づくり・町づくり会津シンポジュームに期待する

臨時行政改革推進審議会会長　土光敏夫

臨調の答申では、これからの我が国の課題として活力ある福祉社会の建設が大きなテーマとして取り上げられています。

活力ある福祉社会とは、国民が安易に政府に依存することなく自立自助の精神を持つ社会であります。安易な政府依存は単に財政面の負担を増やすだけでなく、進歩の原動力である自己責任体制を崩し、社会全体を沈滞したものにしてしまうおそれがあります。

同様のことが国と地方との関係についても言えると思います。生き生きとした地域社会を造りあげるには、中央依存、大企業依存の考え方をあらため、地域に住む人々が自主性を持って将来の発展の方向を考え、努力して行く以外に途《みち》はありません、

私は、これからの行革推進運動の本当の姿は、臨調の問題提起を受けて、各地域の特に若い方々が、それぞれの地域で最も切実な問題をどう自主的に解決して行くかを真剣に討論していくことであると思っております。また、各地域のリーダーの方々がお互いに横の連絡を取り合い、情報の交換を行い、知恵を出し合って行くことが、これから特に必要であります。

その意味で今回、会津で若い方々が中心となって徹底的なシンポジュームを開催されると

聞き、大いに心強く思いその成果を期待しているところであります。

　これからの日本経済はかつてのような高度成長はもはや望めません。さらに国際化の伸展は、いよいよ深くなってまいります。さらに人口の高齢化、産業構造の転換といった中で各地域が本当に活力のある発展を遂げるには、今まで以上の血のにじむような努力が必要であります。しかし、そのような努力があって初めて地に足のついた追記の発展が約束されると信じています。

　皆さま方のご健闘を祈ります。


　この「第一回　村づくり　町づくり会津シンポジウム」の成功に、参金会のメンバーたちが確かな手応えを感じたことは言うまでもなかった。

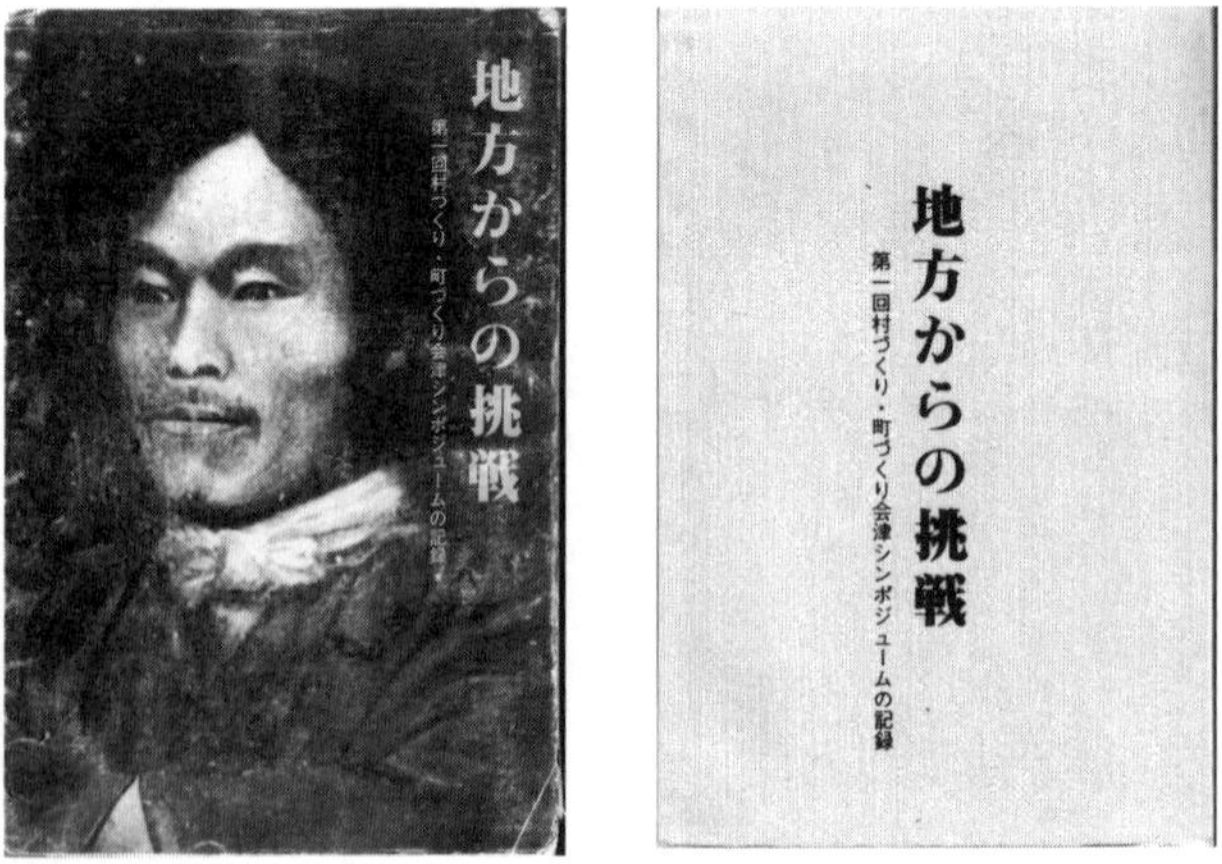

「第１回 村づくり 町づくり会津シンポジウム」の詳細をまとめて出版された『地方からの挑戦』。表紙には、明治時代の自由民権運動「喜多方事件」のリーダーである三浦文次の自画像が使われている

第二回 村づくり・町づくり会津シンポジウム

昭和六十（一九八五）年、参金会は「第一回 村づくり・町づくり会津シンポジウム」に続き、「第二回 村づくり・町づくり会津シンポジウム」を開催した。テーマは「健康と地域の持つ潜在性を活かした取り組みについて学ぶ」だった。

「第２回 村づくり・町づくり会津シンポジウム」のポスター

第一回シンポジウムが、全国に目を向けたものだったのに対し、二回目となるシンポジウムでは、地元にフォーカスしたテーマを取り上げることとした。

開催期間は同年六月二十八～三十日の三日間、会場は耶麻郡塩川《しおかわ》町（現・喜多方市塩川町）の福祉センターだったが、初日の二十八日には、以下の三人から、問題提起が行われた。

○宇川進氏《うかわすすむ》〔耶麻郡猪苗代町《いなわしろ》・会津地方農業協同組合青年連盟委員長〕

問題提起 **村づくり・町づくりにおける農業者の役割**

村づくりは、行政からの提案ではなく、地域に根差した運動にすべく、地域の若者から発想、提言が必要と考える。また、農業のありかたが問われる昨今、国民に幅広く理解を求めていかなければならないと考える。

○小荒井雄作氏《こあらいゆうさく》〔耶麻郡山都町《やまと》（現・喜多方市山都町）・山都町商工会青年部部長〕

問題提起 **そばと山野草の里をめざして**

地域づくり、町づくりにおいて、地域に住む青年としての役割が重要視されてきている。そんな中で、行政に依存しない地域経済の活性化を図れるものを、若者自らの目と手で探り出し、「そばと山野草の里」づくりを目指している。地域の個性、特性を考えるとき、わが町では農業、林業を離れて考えることはできない。商工業にたずさわっている青年の町づくりについて考えてみたい。

○武田尚壽氏《たけだなおとし》〔耶麻郡塩川町《しおかわ》（現・喜多方市塩川町）・武田医院院長〕

問題提起 **問題提起　町づくりと健康づくり**

かつて、岩手県の沢内村は、「豪雪、貧困、多病」の村であったが、今日「日本一健康村」と呼ばれるようになった。現在、多くの市町村はかなり恵まれた医療環境――というより治療環境――にあるといえよう。ひとつの村や町にいくつかの医療機関が混在する中で、これらの予防医療を推し進めていくには沢内村の場合とは異なった幾多の困難な問題がある。こういう状況の中で、住民の健康づくり、体力づくりをどう進めたらいいのか。

翌日の二十九日には、前日の問題提起を踏まえ、農業部会、産業おこし部会、健康づくり部会に分かれての分科会が開催され、その結果はシンホジウム三日目の三十日の全体会で報告され、県内各地から集まった約百二十名の参加者たちによって、それぞれの市町村に持ち帰られることとなった。

ちなみに、この第二回シンポジウムで問題提起をした宇川氏は、従来からつくっていた水稲栽培、トマト栽培などに加えて、平成十五（二〇〇三）年に、猪苗代町で初めてのブルーベリーの摘み取りができる観光農園「宇川ブルーベリー園」をオープンしている。宇川氏の挑戦は続いている。

また、そばと山野草の里をめざすとしていた山都商工会は、「幻のそば」と言われていた「宮古そば」（つなぎを一切使わない透明感のある比較的白っぽいそば）に目を向けて、「生産～刈り取り~調整~保管（雪室・そば銀行）~そば打ち」と一貫した体制をつくりあげ、「山都そば」として売り出すことに成功している。

喜多方の医療体制についても、シンポジウムで問題提起されたことが、たとえば市が策定した「健康きたかた21」（計画期間：平成二十~二十五年度）などに活かされ、「第三次健康きたかた21」（計画期間：令和元~五年度）に引き継がれている。

参金会の活動が、今につながっている何よりの証拠と言っていいだろう。そして、参金会の活動はさらにパワーアップしていくこととなったのである。

第三章
勝負の「ラーメン王国フェスティバル」

蔵の町として知られるようになった喜多方

「第二回 村づくり・町づくり会津シンポジウム」を成功させた参金会は、次の勝負に打って出ることとなった。「喜多方ラーメンを全国区にしよう！」という話が持ち上がったのだ。

当時、喜多方は〝蔵の町〟として、徐々にその名を知られつつあった。そのきっかけは、市内で写真館（金田写真荘）を営んでいた金田実《かねだみのる》氏（故人。没年：平成二年）が、喜多方の蔵の写真展を開催したことがきっかけだったとされる。

なぜ、蔵の写真展が喜多方ラーメンにつながったのか、そのいきさつを振り返っておこう。

そもそも喜多方には、店蔵、酒蔵、座敷蔵など、土蔵や煉瓦《れんが》造りの蔵など多くの蔵があったが、唐橋東氏（故人。没年：平成二十四年）が昭和四十五（一九七〇）年に喜多方市長となると、それを取り壊して駐車場や道路にするという話が持ち上がった。だが、それには反対の声が数多く上がった。

そんな中、金田氏は、蔵の保存を訴え、昭和四十七（一九七二）年には、自身が撮影した約五百枚の写真展を喜多方で開催したのを皮切りに、会津若松や東京でも写真展を展開した。

その金田氏について、「喜多方 蔵の会」のホームページは、〈写真荘の主人、金田実は蔵の写真を撮りつづけ、人々に「喜多方のアイデンティティーは蔵だ」と訴えつづけた。その行動が全国に〝蔵の町・喜多方〟の存在を知らせるきっかけになった〉と記述し、次のようなエピソードも紹介している。

当時の市長・唐橋東氏は各地の集会で「使われていない蔵を壊し、駐車場にして商店街を活性化しよう」とよびかけていた。ある晩、金田実はその市長を自宅に呼び、座敷の畳一面に蔵の写真を並べ、この言葉を投げかけた。「あんた、この蔵たちを殺す気かい！」唐橋東市長は、額縁に入った蔵たちの美しさにハッと我にかえり、それ以降、蔵擁護派へと転身する。そして金田の写真展に補助金を出すだけでなく、自作の短歌まで寄せている。

花咲いて住まいも店も蔵がまえ
酒蔵のなかつつ抜けに稲田風
小春日の露地をまたいて醸造蔵

https://kuranokai.jp/know/know4/

この金田氏の写真展は喜多方の魅力を広める大きなきっかけとなった。そして昭和五十（一九七五）年にはＮＨＫの『新日本紀行』で「蔵ずまいの町 福島県・喜多方市」が放送されたことも追い風となり、蔵を見るために喜多方を訪れる観光客は増えていった。昭和五十年には年間五万人程度だった観光客数は、昭和五十八（一九八三）年には二十万人台まで増えていたという。

しかし、蔵を見るだけでは二時間もあれば十分で、喜多方にとっての経済効果はほとんどなかった。せっかく観光客が増えているのに、蔵だけではダメだ。なんとか観光客の滞在時間を伸ばせないか……。

さんざん頭をひねる中で浮上してきたのが喜多方で古くから親しまれていた「支那そば」（当時の喜多方では、この名で親しまれていた）を目玉にできないか、というアイデアだった。

その頃、「ご当地ラーメン」といえば、札幌、博多、神戸のラーメンが三大ラーメンとして知られるようになっていたが、そもそも喜多方の人々にとって、「支那そばとラーメンはまったく別ものだ」という認識だった。ここでちょっと寄り道して、喜多方ラーメンの歴史を振り返っておこう。

喜多方ラーメンのルーツ

喜多方ラーメンは、豚骨スープを基本にした醤油《しょうゆ》味の透明なスープに、幅四ミリの平打ち縮《ちぢ》れ太麺を入れ、具に大きめのチャーシューとネギ、メンマ、薄切りの鳴門《なると》巻きなどをのせたものだが、その歴史は、大正末期まで遡《さかのぼ》る。

その当時、日本には中国や台湾などから多くの労働者が渡ってきていたが、喜多方には日本有数の石膏鉱脈《せっこう》があり、喜多方にも仕事を求めて多く人がやってきていた。

その中に、加納鉱山（熱塩加納町）で働く叔父を頼ってきた中国・浙江《せっこう》省出身の藩欽星《ばんきんせい》氏がいた。彼は両親と死別後、日本で働こうと長崎に渡り、横浜や東京で土木作業員として働いた後、叔父を頼って喜多方へやってきたとされている。しかし、彼は小柄で痩せていたため鉱山労働者になることができなかった。そこで生活のために、故郷の中華麺の味を思い出しながら、工夫に工夫を重ねて中華麺に近い麺（平たく、太い縮れ麺）を開発し、支那そばの屋台営業を始めたのだ。藩氏がチャルメラを鳴らしながら売り歩く支那そばはたちまち人気となった。そして昭和二（一九二七）年、「源来軒《げんらいけん》」を創業した。この源来軒は、今も喜多方の三大ラーメン店のひとつとして数えられている。

その後、藩氏は、希望する人に麺やスープづくりをおしげもなく伝授していった。弟子の数は百名を超えるという。その結果、喜多方には「上海《しゃんはい》」「満古登《まこと》食堂」「坂内《ばんない》食堂」「あべ食堂」などをはじめ、多くの支那そば屋が誕生し、いつしか朝食に食べるのも当たり前になるほど、人々から愛されるようになっていった。

喜多方市が平成十八（二〇〇六）年に耶麻郡熱塩加納村・塩川町・山都町・高郷《たかさと》村を合併して現在の規模になる以前、人口が三万七千人だった頃、喜多方市には、支那そばをメニューに載せている食堂が百二十軒ほどもあり、対人口比の店舗数では日本一だったとされる。喜多方の人々は「支那そば＝ラーメン」と認識していなかったが、実は隠れたラーメン王国だったのである。

この喜多方名物の支那そばを、観光客の滞在時間増加に活かせないかと考えついたのは、市の商工観光課の職員だった富山昭次氏だったとされている。そのいきさつについて、福島民友新聞は、次のように報じている。

蔵を巡るだけの観光では3時間で終わってしまう。思案しているころ、県の職員が役所を訪れた。「お昼は何にしますか」と尋ねると、「中華そばが食べたい」と言う。友人や知人が正月やお盆に帰省すると、中華そばを好んで食べる姿が思い出された。何より自身も毎日のように380円の塩ラーメン、しょうゆラーメンを交互に食べていた。

ちょうど、日本交通公社の出版による雑誌「るるぶ」のページを県観光連盟が買い上げるという話が持ち上がった。その1ページを喜多方市が買う。富山さんは、ラーメンを宣伝することを決めた。

親しい友人に相談すると「笑われっからやめろ」と笑われた。しかし、周囲の反対を押し切って富山さんが書いた原稿は、83年の7月号特集「福島路のんびり旅行」の1ページに載った。

これが反響を呼んだ。徐々にマスコミの取材が増え、観光コースにもラーメン店を入れると喜ばれて観光時間の延長につながった。当然、地元に入る金も増えていった。

出典：福島民友新聞　みんゆうNet　二〇一五年九月十五日付

ちなみに、富山氏は当初、団体観光客の受け入れ先として市内の日本料理店をあたったものの、受け入れられるだけのスペースがなかったため、次善の策として観光業者に支那そばを出す食堂を紹介していったのだという。

次善の策だったが、富山氏の狙いはみごとに成功した。テレビなどでも「喜多方ラーメン」が取り上げられるようになり、喜多方の名がさらに知られるようになっていった。

昭和六十二（一九八七）年には、食堂・製麺業者・市・商工会議所が参加するラーメン関係業種懇談会が開催され、「蔵のまち喜多方　老麺会《らうめんかい》」が立ち上げられた。初代会長となったのは、「老麺　まるや」の矢田目昇《やためのぼる》氏だった。

そうだ！　ラーメンで、喜多方を盛り上げよう

こうして、喜多方ラーメンに注目が集まり盛り上がる中、参金会も行動を起こした。

東京に進出した会津喜多方蔵々亭

「そう言えば、喜多方の人間は、子どもの頃からそのラーメンを食べている。喜多方の人間にしてみれば、札幌や博多、神戸のラーメンもいいけど、やっぱり喜多方のラーメンのほうがおいしい。きっと喜多方人以外も一度でも食べればおいしいと思うはず。札幌ラーメンや博多ラーメンが全国区になっているんだから、喜多方のラーメンだって全国区になったっていいはずだ！」

荒井らは、そんな話で盛り上がり、喜多方ラーメンを中心にしたイベントの開催を模索し始めた。実際に食文化研究家に喜多方ラーメンの特徴を分析してもらったところ、「喜多方ラーメンの麺は、四ミリ平打多加水熟成縮れ麺といって、四ミリの大きさは、食べ物を口の中に入れるのにちょうど良く、平打縮れ麺であるがゆえにスープが麺にからみついて、それが喜多方ラーメンをおいしくする要因である」という結果だった。その結果に荒井たちは自信を得た。

ただし、若干の不安もあった……。実は、参金会のメンバーだった星龍一《ほしりゅういち》が、自ら経営する星醸造の味噌・醤油を使った喜多方ラーメンを開発して、昭和六十二（一九八七）年九月には、東京・赤坂の溜池《ためいけ》ダイナーズガーデンの駐車場の一角を借りて、「会津喜多方蔵々亭《くらくらてい》」と名づけた、厨房《ちゅうぼう》設備と客席を設けたラーメンバスで営業を始めていた。喜多方ラーメンの直営店が首都圏に進出するのは初めてだったし、バスでラーメンを売るなんて日本で初めてのことだった。

だが、残念ながら、なかなか軌道に乗らないまま、いったん撤退することを余儀なくされていた。

それを知っているだけに、「ほんとうに喜多方ラーメンが受け入れられるのか。札幌、博多、神戸のラーメンばかり売れて、喜多方ラーメンがそっぽを向かれたら、逆効果じゃないか……」と、ほんの少しだが不安に駆られたのだ。

ただし、ここで本人の名誉のために念を押しておきたいことがある。それは、星の挑戦は、〝ほんの少しだけ早すぎた〟ということである。その証拠に、その後、喜多方に店舗を構えた蔵々亭は、今では喜多方の人気店のひとつに数えられるようになり、全国から客が訪れている。

星は、昭和二十一（一九四六）年生まれであり、荒井と同級だった。彼は、地元の喜多方高校を卒業後、慶應大学商学部に進学した。新聞記者になって世界中を駆け回るのが夢だったが、高校一年のときに、二代目社長の父親（龍二氏《りゅうじ》）が亡くなり、いずれ星醸造を継ぐのが自然な流れとなった。大学生の頃は、大学紛争のリーダーとして活動したが、連合赤軍が総括と称して外れた道に走ったときには、メンバーたちをいさめる星の怒号が響き渡った。

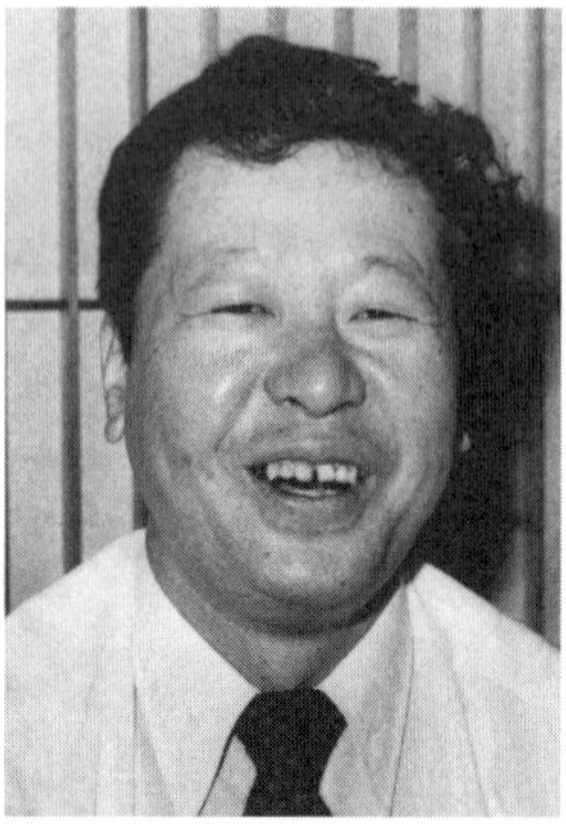
柔和な人柄で人望が厚かった星龍一

そして彼は大学を卒業後、東京の田中味噌醸造所で修業した後、星醸造に入社し、昭和五十六（一九八一）年に、伯父で二代目社長だった龍馬《りょうま》氏の跡を継いで四代目社長に就任した。

社長に就任後の星は、従業員の高齢化が進む中、「これからの醸造業はどうあるべきか」を常に考えていたという。だからこそ彼は、時代に合った事業展開を求めて、常にチャレンジングだった。

つける醤油ではなく、飲む醤油も開発した。また、それを使ったラーメンも考案した。東京進出も、そんな彼の進取の気性の表れのひとつだったにすぎない。

彼のそんな想いはまた、元気を失《な》くしつつある喜多方を何とかしなければならないという強い想いにも通じていた。彼が、喜多方の「老麺会」の会長になるのは、それから三年後の昭和五十九（一九八四）年のことだった。

それはさておき、二回の「村づくり・町づくり会津シンポジウム」を成功させていた荒井らには、少々の不安など吹き飛ばすだけの熱気があった。荒井は言う。

「参金会としては、一回目のシンポジウムのときから、町おこしのテーマとして〝抽象論の時代は終わった〟と言い続けていたし、〝ただのシンポジウム屋になっちゃいけない。自分たち自身の力で、喜多方を元気するための風を吹き込まなければ意味がない〟と考えたんです。

それに、東京にいる仲間たちと話していても〝喜多方ラーメンが有名になったといったって、こっちじゃ喜多方がどこにあるのか、みんな知らないぞ〟という話ばかり……。

それで逆に火がついた。〝それなら、喜多方ラーメンを起爆剤にして、もっと喜多方を宣伝してやろう〟と思ったんですよ」

そして荒井らは、イベントを開催しようと、参金会のメンバーに声をかけていった。だが、ものごとはそう簡単には進まなかった。

参金会のメンバーたちは、それぞれ仕事を持っている。実際に、自分の時間を割いて協力してくれる者は数人に止まった。それでも諦めなかった。

会では、「脳のない者は汗を流せ、汗のないものは銭を出せ！」という、少々過激なキャッチフレーズをつくり、イベント実現のために走り回った。

イベントの名を「ラーメン王国フェスティバル'88」に決定!

イベントの名を「ラーメン王国フェスティバル'88」とすることとなった。開催予定日時は昭和六十三(一九八八)年七月二十二~二十四日の十一~二十時、会場は喜多方市厚生会館と決まった。その厚生会館の中庭に厨房施設をセットして、来場者にラーメンを食べてもらおうというのである。

ただし、喜多方ラーメンを食べてもらうだけでは、手前味噌のイベントに終わってしまう。それでは多くの人を呼ぶことはできないだろうし、そもそも意味がない。

そこで、ラーメンの手打ち実演や、地場産品の出店、郷土芸能やこども祭り囃子《ばやし》の披露、花火の饗宴などのイベントに加え、日本各地の名物ラーメン店にも声をかけて出店してもらうことにした。

とはいえ、そんな大きなイベントを開催した経験なんてなかったから、たいへんなことの連続だった。

まず資金面だ。当初は、なんとか市からも補助金を出してもらおうと交渉したものの、まったくあてにできる状態ではなかった。「海のものとも山のものとも知れないイベントに、大切な市民のお金を出すわけにはいかない」というのが大きな理由だった。

　一方、地元の商工会議所に協賛金を求めようにも、守旧派の多い商工会は、フェスティバル開催に消極的だった。ある程度まとまった概要を説明に行くと、「こういうことは、決める前に来てほしい」と文句を言われた。まるで、「商工会議所のお墨付きもないくせに、勝手に話を進めるな」と言わんばかりだった。実際のところ、商工会議所の中では「もう、蔵の町として知られるようになっているし、喜多方ラーメンもそこそこ知られるようになっているから、わざわざ金を出してまでフェスティバルなんてやる必要はないべ。開催したところで、効果は知れている」という意見が大半を占めていた。

　また、喜多方には前述したように地元のラーメン店がつくった「老麺会」が立ち上げられていたが、すべての店が加盟しているわけではなかった。そのため、誤解されることもあった。荒井たちの活動は、老麺会のためにやっているのではないか、というのである。

「自分も含め、メンバーの中には地元の有力者がいませんでしたから、計画を潰されそうになったこともあった」と荒井は振り返る。

　それでも諦めなかった。

「なら、補助金や協賛金なんて端《はな》からあてにしないで、自前でやるべ。腹決めねぇと話は進まねぇ！」

荒井らは覚悟を決めると、一気に走り始めた。

市内のラーメン店全部を一軒一軒訪ねて、パンフレットを渡して詳しく説明した。大手のイベント屋から協力の申し出もあったが断った。あくまでも〝自分たちの手による町おこし〟を目指したのだ。

果たして、その努力は報われた。日を追うにつれて、参加者や協力者が増えていった。

調理場の設計は、参金会の鶴巻智信《つるまきとものぶ》（一級建築士）が引き受けた。そして器具機材・施設等の整備、備品調達などに関しては、多くの会員が手分けして地元の関係企業に、「喜多方の持つ潜在能力を活かし、地域活性化を図りたい」と説明し、協力を取りつけていった。その結果、東北電力から、営業用大型冷蔵庫七台と電気温水器三台の提供、高圧電気供給塔の設置と電気料の免除を受けることになった他、次のような協力が得られることとなった。

▼喜多方市管工事組合から、厨房施設一式の提供
▼喜多方板金組合から、食器洗浄機二機の提供
▼樫内建設から、厨房骨組みと屋根設置に使用する足場用資材の提供
▼鳶職《とびしょく》小川から、厨房・屋根組み立て作業の奉仕
▼江川冷凍菓子店から、冷凍庫七台の提供

▼喜多方市から、会場使用料と水道代の免除、三日間のゴミ収集協力

また、県の地域振興課にイベントに対する指導やアドバイスをもらおうと、開催要項とポスターを持って行ったところ、「県において全国の都道府県と県内九十の市町村に周知するので、開催要項とポスターを持ってくるように」ということになった。

特に関係機関および行政との交渉で活躍したのが、参金会の創設期からのメンバーで、喜多方市役所に勤務していた上野正雄だった。

人員についても、県立会津短期大学と県立喜多方商業高校の協力が得られることになったし、開会式と閉会式の吹奏は県立喜多方工業高校が引き受けてくれたほか、地元の第一婦人会も無料奉仕で協力してくれることになった。

声をかけた札幌、東京、神戸、博多のラーメン店などからも参加の返事が返ってきた。

【ラーメン王国フェスティバル'88における出店地区と店名】

○喜多方：**坂内食堂、上海、丸見食堂、ひさごや食堂**
○札　幌：**札幌ラーメン 満龍**
○山　形：**手もみラーメン**

○東　京：**双葉東京ラーメン**
○神　戸：**神戸ラーメン第一旭**
○博　多：**博多ラーメン　一心亭長浜**

このうち、山形と神戸のラーメン店は、フェスティバル開催の情報を得て自ら参加を申し込んできたが、札幌と博多のラーメン店は坂内《ばんない》食堂店主の坂内新吾《しんご》氏による紹介だった。坂内氏はデパート等で行う催事で全国を回っており、彼が持つ情報と人脈は貴重なものだった。たとえば、東京のラーメン店から問い合わせがあった際には、参金会の上野正雄が坂内氏の情報に基づき、コンタクトをとり、すぐさま東京に飛んで出店交渉を行った。その結果、出店時の二人分の旅費と三泊分の宿泊費の支給する一方、売上げの十%の手数料を頂く条件で合意を得た。そういう意味では、このイベントの立役者は坂内新吾氏だったとも言えよう。

こうして準備が進む中、たいへんだったのは資金面だけではなかった。たとえば、厚生会館の中庭に厨房施設をセットするにあたり、保健所にお伺いを立てたところ、「厨房の内壁は外壁に適さないので外装にはベニヤ板を張ってください」とのことだった。

そこで上野が消防に行って相談すると、「外壁にベニヤ板を張ることは、火災防止上不適格」

という話だった。そして、保健所にその話を持っていくと、保健所は何も言わなくなったという。

そうこうしているうちにも、開催予定日はどんどん迫ってくる。そんな中、参金会はポスターやパンレットづくりを始めると同時に、広報活動も開始した。それについても地元新聞もさることながら、共同通信や時事通信など、全国に配信してくれる媒体を狙った。地元の福島だけで取り上げてもらっても大きな効果は期待できなかったからだ。

かと言って、共同通信や時事通信などに伝手《つて》があるわけではなかった。頼りにしたのは『マスコミ電話帳』(発行・宣伝会議)だった。それで電話番号を調べて片っ端から電話をかけていった。それこそ、飛び込み営業だった。また、上野は首都圏のスポーツ紙の記者クラブにイベント計画の取材をお願いした。すると、大きく取り上げてくれ、その影響でＮＨＫ以外の民放キー局が、中継車を出して報じてくれた。荒井はその対応でてんてこまいすることになったが、荒井は「なんとしてもフェスティバルを実現し、成功させたい一心だった」と、当時のことを振り返る。

そしてようやくポスターとパンレットが出来上がってきた。なかなかの出来だった。このポスターづくりは郡山市の印刷所にレイアウトからお願いしたが、紙質もしっかりした厚手の紙で対応してくれ、今も破れたり、風化したりすることなく残っている。

「ラーメン王国フェスティバル'88」のポスターを手にする荒井

パンフレットには、「うまいラーメン　食べらんしょ」というネームとともに、次のようなあいさつ文が添えられた。

蔵のまち喜多方へようこそいらっしゃいました。21世紀に向けて確かな「まちづくり」をスローガンに地域経済の活性化を図る目的で、「ラーメン王国フェスティバル'88」を企画し関係各位のご理解とご協力のもとに開催できることは私どもの大きな喜びであります。

　仏都会津とも称される歴史と豊かな自然が息づく蔵のまち喜多方は、東に宝の山と唄《うた》われる会津磐梯山《ばんだいさん》をいただき、西に磐梯朝日国立公園の秀峰飯豊《いいで》連峰を擁し、近隣町村には水芭蕉《みずばしょう》で有名な雄《お》国沼《ぐにぬま》、透明度を誇る檜原湖《ひばらこ》、神秘的なまでの色を写しだす五色沼《ごしきぬま》、全国第3位の湖、猪苗代湖《いなわしろこ》と非常に恵まれた環境に位置しています。

　飯豊山の水を利用した「喜多方ラーメン」をはじめ、古くからの醸造業も盛んです。

また東北の倉敷とも言われ、漆器蔵・酒造蔵など、その数2600棟を数えます。

この様な環境の中で、全国の有名なラーメン王国を一堂に会して食文化を開催できることはひとえに、ラーメン王国の方々のご協力によるものです。必ずや楽しく素晴らしい3日間になるものと確信しております。

喜び多い方角「喜多方」の市民一同、みなさまを歓迎申し上げます。

ラーメン王国フィスティバル'88　実行委員会
実行委員長　喜多方市物産協会会長
庄司 芳喜

このフェスティバル開催においては、ラーメンの手打ちやたまり煎餅《せんべい》・桐下駄《きりげた》・ゆべしの製造実演などに加え、郷土芸能（下柴彼岸獅子《しもしばひがんじし》・こども祭り囃子・三島太々神楽《みしまだいだいかぐら》・飯豊権現太鼓《ごんげんだいこ》・小沼《こぬま》念仏踊り《ねんぶつ》）などが披露されたほか、ラーメン王子・王女を選考するイベントなども準備された。式次第を紹介しておこう。

○七月二十二日

十　時　開会（ラーメン王国フィスティバル'88開会式）

十一時　花火打ち上げ・開店
・たまり煎餅手焼き実演コーナー（山中せんべい本舗　山中弘道氏）
・桐下駄のはなおたて実演コーナー（庄司桐材工業　庄司芳喜氏）
・ゆべし製造実演コーナー（小室菓舗　小室英雄氏）
・キャプテンシステム（NTT）
十三時　ラーメン王子・王女の選考開始―表彰式、賞状および記念品授与
十六時　市内郷土芸能（東四ッ谷の子どもたちによる「こども祭り囃子」演奏）
十八時　山都町の郷土芸能（飯豊権現太鼓）
二十時　打ち上げ花火・閉店

○七月二十三日

十一時　花火打ち上げ・開店
・ラーメンを食べた方の抽選会開始
・たまり煎餅手焼き実演コーナー（山中せんべい本舗　山中弘道氏）
・桐下駄のはなおたて実演コーナー（庄司桐材工業　庄司芳喜氏）
・ゆべし製造実演コーナー（小室菓舗　小室英雄氏）
・地酒試飲および販売（酒販青年会　山口和之氏）

フェスティバル準備中の参金会メンバー
冠木孝（吉の川酒造店店主）

写真右上は、メンバーの穴澤清市。後ろ姿はやはりメンバーの関本亨二

準備が整った会場入り口

会場全景

ラーメン王国フィスティバル　'88開会式

準備万端の厨房の様子

当日券を求める来場者

会場は大盛況となった

・キャプテンシステム（ＮＴＴ）
十三時　ラーメン王子・王女の選考開始――表彰式、賞状および記念品授与
十五時　市内郷土芸能（東四ッ谷の子どもたちによる「こども祭り囃子」演奏）
十六時　ラーメンの手打ち実演コーナー（元祖喜多方ラーメン 源来軒　星欽次氏）
十八時　上宮《かみみや》町の郷土芸能（三島太々神楽）
十九時　花火大会
二十時　花火打ち上げ・閉店

○七月二十四日
十一時　花火打ち上げ・開店
・ラーメンを食べた方の抽選会開始
・たまり煎餅手焼き実演コーナー（山中せんべい本舗　山中弘道氏）
・桐下駄のはなおたて実演コーナー（庄司桐材工業　庄司芳喜氏）
・ゆべし製造実演コーナー（小室菓舗　小室英雄氏）
・キャプテンシステム（ＮＴＴ）
十三時　ラーメン王子・王女の先行開始――表彰式、賞状および記念品授与
十四時　熊倉町の郷土芸能（小沼念仏おどり）

十五時　市内郷土芸能（塗物町の子どもたちによる「こども祭り囃子」演奏）
十七時　関柴町の郷土芸能（下柴の彼岸獅子）
十九時　民謡保存会の囃子演奏の中、関係者入場して、ラーメン王国フィスティバル'88閉会式開始。
二十時　花火打ち上げ。閉会

大成功に終わったラーメン王国フィスティバル'88

こうして、ラーメン王国フィスティバル'88は終わった。人口三万人の喜多方に、全国から多くの人が訪れ、一杯五百円のラーメンが三万食も売れた。

盛況にわくフェスティバルの模様は、テレビニュースでも取り上げられた。参金会のチャレンジはまさに大成功だった。この成功が、喜多方ラーメンの存在を一気に全国に広め、その人気を確たるものにしたと言ってもいいだろう。

ちなみに、「喜多方市観光動向及び消費額調査報告書」（令和五年三月）によると、県外からの訪問者の訪問回数は五回以上の人が三十七・五％を占めている。これは福島県の市町村の中で最も高い数字である。また、喜多方市内で訪問予定・訪れた場所について、ラーメン店と答えた人は七十二・四％にも上る。つまり、喜多方ラーメンが全国から数多くのリピーターを呼び寄せているのである。

喜多方ラーメンが、今、いかに喜多方の経済に貢献しているかを明確に示す数字だが、喜多方ラーメンの地位をそこまで高めた大きなきっかけが、参金会が進めた「ラーメン王国フィスティバル'88」にあったことは間違いない。

イベントを一過性には終わらせない。「こだわる麺々 春一番フェスティバル」の開催

ラーメン王国フィスティバル'88は、翌年の平成元（一九八九）年四月、インタークロス研究所主催の第五回 日本イベント大賞奨励賞を受賞した。想像もしていなかったことだったが、参金会のメンバーにとっては大きな励みとなったし、ラーメン王国フィスティバル'88の成功で、喜多方の名を全国に広げるきっかけをつかんだという実感があった。

しかし、こうしたイベントは一過性では意味がないこと

【喜多方市内で訪問予定・訪れた場所】

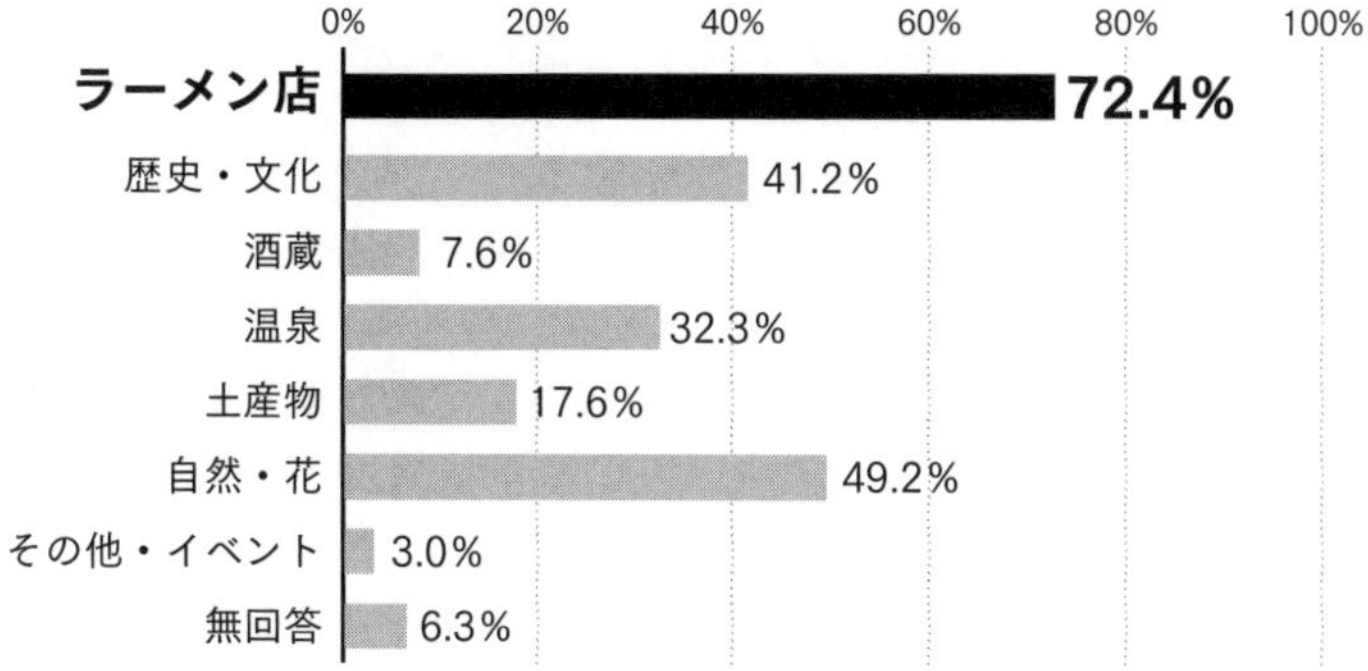

は言うまでもない。「イベントは一過性ではなく、継続が必要だ。これでもか！　とやるべ」という号令一下、参金会のメンバーは、さらに喜多方を盛り上げるために、知恵を絞った、その結果、この年、「ラーメン王国 第二弾」として、「こだわる麺々 春一番フェスティバル」を開催することにした。だが、すんなりと開催できたわけではなかった。

「まあラーメン王国フィスティバル'88で、それなりの成果も出たことだし、立て続けにやらなくてもいいんじゃないか」という意見も少なくなかったのだ。

そんな周囲の声の中、荒井らは再び、周囲を納得させるために奔走することとなった。たとえば、上野は次のような文書もつくって訴えた。

二十一世紀を築いていくためには、創造性豊かで健康的な人材の育成と同時に、安心で安全な地域経済の振興に努めていくことが大事であり、地方における行政の最大の役割でもある。それが図られないのであるならば、市民は悲劇である。

なぜならば、市民はそこに住んでいて、自由によその町に住民票を移すことは難しいからである。それゆえに行政は常に地域の持つ特色を十分に把握し、経済効果のある「地域のシンボル」を見出し、住民のコンセンサスを得て産学官一体となって積極的に活かし、利用していく冒険も、二十一世紀をしたたかに生きていくうえで必要と思われる。

将来にわたっての真の意味での箱物には、お金をかけて見る「夢・ロマン」も大切と思われるが、国際化の伸展や国内における地域間競争がますます激化していく中で、喜多方市としてのイメージアップをどのように図っていくかというビジョンを持つことが、今、最も重要な課題ではないだろうか。

現在、喜多方市は「蔵とラーメン」抜きでは、第三者に対しての特徴ある市の活性化は考えられない。消費的な箱物も必要かと思われるが、一部の人が使用するものは後でも良いのではないか。今後の喜多方を背負って立つ人々に対して、安心して残れるために、優先順位をつけて活性化を図っていくのが大事と思われるが、それには、継続的に人を呼べるシンポジウム、イベント、アカデミィと、十分に対応できるシンボルを優先させることが「ふる里創生論」の趣旨に乗る一つの「ソフト」ではないかと考えるが、いかがなものだろうか。

蔵やラーメンと観光客だけを相手にしても、いつかはブームとして成り立たなくなるのは目に見えている。今、マスコミに注目されている時こそ、特徴ある「真の地方の時代」にふさわしいものを整備しておきたいと考える。

こうした上野をはじめとする参金会メンバーの説得と奮闘で、喜多方ラーメンを中心にしたイベント第二弾が準備されていった。

イベント会場は喜多方市内のふれあい広場で、歩行者天国に参加店からラーメンを出前してもらうという方法をとることにした。

また、イベントに、夏祭りの山車《だし》、子ども祭り囃子の演奏、喜多方理容組合による無料の一休さん坊主刈り、喜多方工業クラブによる各企業のパネル展示と自社製品の出品、また喜多方市朝市実行委員会による農産物の販売、商店街による商品販売促進、喜多方市物産協会による地場産業製品の実演・販売等、経済効果に結び付く企画が実施されることとなった。

ちなみに、山車については「祭礼以外に使用することはいかがなものか……」という意見も出たが、上野が「喜多方のまちづくりのためだから出てもらいないだろうか」と開催区域に近い各町内会長さんにお願いした結果、最終的には末広町の町会長判断で、使用OKとなって決着した。

「気軽にこらんしょ！　まってっからなし！」喜多方ラーメン第二弾！

荒井らフェスティバル実行委員会は、次のような案内状を出した。

【こだわる麺々　春一番フェスティバルのご案内】

ラーメンファンのみなさん今日は！

「蔵のまち喜多方」は自然環境に恵まれた中にあり、蔵とラーメンで注目を浴び、今「一番たのしいまち」として日本中の話題を独占し、全国に情報を発信している基地であります。

その喜多方で昨年の「ラーメン王国フィスティバル'88」のご好評にお応えし、第2弾として「こだわる麺々 春一番フェスティバル」を企画いたしました。またまたグルメの皆様に満足して頂きとうございます。

食べれば良いと云《い》う麺から、食べたいという麺に対してのイベントであります。磐梯朝日国立公園の秀峰飯豊連山の水を豊富に使った絶品、「熟成多加水麺」を限定2000食に絞った企画であります。

又、このイベントは、21世紀の食文化を語るにふさわしい物となるよう、喜多方気質の職人が腕によりを掛けて、ハイクォリティな「喜多方ラーメン」を準備しておりますので是非、この機会に「出前一丁喜多方ラーメン」をご賞味して頂きたくご案内申し上げます。

喜び多い方角「喜多方」に、どうぞご来喜くださいますよう心よりお待ち申し上げております。

「気軽にこらんしょ！　まってっからなし！」

こだわる麺々春一番フェスティバル実行委員会
委員長　喜多方老麺会長　矢田目昇

こうして開催された「こだわる麺々 春一番フェスティバル」には、タレントの稲川淳二《いながわじゅんじ》氏にも応援に来てもらい、歩行者天国はおおいに盛り上がり、ラーメン販売数は千食を数えた。その模様は新聞でも報じられた。また、日本テレビで放送され、喜多方の名をさらに全国に広めることとなった。

そして。その後も「ラーメンフェスタ」と名を変えて、喜多方市主催の「喜多方冬まつり」のイベントのひとつとして続いていくこととなったのである。

南極にも出前した喜多方ラーメン

「ラーメン王国フィスティバル'88」の成功後、まだ余韻も冷めない十月初旬、荒井のもとに、喜多方市内のラーメン店「上海」を営む山形敏子《やまがたとしこ》さんから、新しいアイデアが持ち込まれた。「南極観測隊員と、南極観測船のしらせの乗組員に、喜多方ラーメンをプレゼントしてはどうか」という話だった。おもしろいアイデアだった。

元海上自衛隊員だった荒井は、すぐさま海上自衛隊に連絡した。このとき、荒井と同期の古《ふる》庄幸一《しょうこういち》氏（後に幕僚長）が広報室長だった。その古庄が「俺に任せておけ！」と窓口になってくれた。そして折衝の結果、南極への出前プレゼントが実現されることとなった。

喜多方では麺々フェスティバル

出前ラーメンを「ツルツル!」

蔵のまち喜多方市の「こだわる麺々春一番フェスティバル」は、九日午前十時から喜多方市のふれあい通りでにぎやかに開かれ、地元や観光客が出前による喜多方ラーメンの味を楽しんだ。

出前ラーメンの味を楽しむ　市民ら

全国ブランドになった喜多方ラーメンを中心に、喜多方市内の各企業の会社、製品紹介展、地場産品による物産販売など、喜多方の地域活性化に役立てようと企画された。

開会式では実行委員長の矢田目昇喜多方老麺会長があいさつ、ラーメン国王の飯野陽一郎喜多方市長らの手で麺カットを行い開幕した。ふれあい通りの三カ所に出前ラーメンコーナーが設けられ、お客が席に着くたびに電話で市内のラーメン店に出前を依頼。待ち時間も少なく喜多方ラーメンが次々と運ばれ、味自慢のラーメンをパクついた。

喜多方ラーメンは四百円から四百五十円に値上げされたが、この日は三百八十円と値上げ前の価格でのサービスとあって大モテ。タレントの稲川淳二さんも日本テレビ「ルックルックこんにちは」の取材で同フェスティバルに参加、ラーメンのうまさを満喫していた。この模様は五月二日に全国で放映される。

新聞で報じられた「こだわる麺々 春一番フェスティバル」の模様
（福島民報　1989年４月10日付）

準備するのは、二百五十食分……「しらせ」の乗組員百七十四名と観測隊員五十五名分で、ラーメンの生麺とトンコツスープ、さらにチャーシュー五キロを冷凍パックして送ることとなった。また、艦の眺望でラーメンのつくり方を指導、この企画には「坂内食堂」「上海」も全面的に協力してくれた。

そして平成二（一九九〇）年十一月には、東京・晴海埠頭《ふとう》を出発する「しらせ」に、「喜多方観光協会」と「喜多方ラーメン王国」の名で、喜多方ラーメン二百五十食分が積み込まれ、南極へと向かった。

もちろん、喜多方をＰＲするのが狙いだったが、新聞記事にも取り上げられ、その目的は十分に果たすことができた。

また、それ以上に荒井がうれしかったのは、自分たちの「喜多方を元気にしよう！」という気持ちが広く理解されるようになり、参金会以外のいろいろな人からも、新しいアイデアが出てくるようになったことを実感できたことだったという。そしてその頃、荒井は別の企画も進めていた。

半世紀前の町おこしＰＲ曲を復刻

話は、平成二（一九九〇）年春に遡る。会津民衆史研究会の会員で、参金会のメンバーでもある佐藤一男《さとうかずお》と酒を酌《く》み交わしていたとき、佐藤から荒井に、ある相談があった。

「誰か、この歌の曲を知らんかね」

そう言いながら佐藤が差し出したのは、佐藤が二年ほど前に見つけたという「赤のれんしおり」と書かれた古い冊子だった。佐藤が開いたページには、「喜多方産業祭りの歌」という曲の歌詞が紹介されていた。

(一)ハァ……會津喜多方　お蚕所《かいこ》
　並ぶ煙突青空《ソラ》高く
　飯豊《いいで》颪に煙なびく
　大量の仕入れは喜多方へ
(二)ハァ……木地屋行き交ふ菅原町や
　塗物町と共々に
　會津漆器の先を行く
　大量の仕入れは喜多方へ
(三)ハァ……日本一の桐材産地
　東西京に名はひびく

木の香床しき會津桐
大量の仕入れは喜多方へ
(四)ハァ……梯子《はしご》高々　唄朗かに
もがれ積れて牛車
柿は身不知《みしらず》　都入り
大量の仕入れは喜多方へ
(五)ハァ……音に名高い　會津のお米
夜明けほのかな雪明り
絞り込まれて會津酒
大量の仕入れは喜多方へ
(六)ハァ……色が真黒で品良い木炭は
会津奥から山越えて
京で茶の湯の役つとめ
大量の仕入れは喜多方へ
(七)ハァ……おらが喜多方アルミのでどこ
昭和電工がつくりだす

元芸者さんにより、「喜多方産業祭りの歌」が復活した

電解アルミニウムの
純度は日本一
大量の仕入れは喜多方へ

この歌は、喜多方で「赤のれん」という食堂を営んでいた佐藤千太郎という人物が、昭和十二（一九三七）年頃に作詞作曲したもので、一番以下、漆器、桐、米、柿、酒、木炭など、当時の喜多方の産物を取り上げており、歌詞の最後はすべて〈大量の仕入れは喜多方へ〉で終わる、まさに喜多方のＰＲソングであった。

残念ながら、荒井はその歌を聞いたことはなかったが、ひょっとしたらわかるかもしれないと思った。かつて、喜多方の花柳界《かりゅうかい》はおおいに華やいでいたが、母親が営んでいた美容院には、昔から大勢の芸者さんが出入りしていた。今でも数は減ったものの、芸者さんが出入りしている。その中に、知っている人がいるかもしれない……。

果たして聞いてみると、元芸者さんの中に、この歌をはっきりと覚えている人がいた。荒井らはさっそく唄ってもらって、録音もした。また、楽譜にも起こした。

まるで粋な小唄のような節回しのこの歌は、昭和三十（一九五五）年頃まで、宴会の席で芸者さんたちが踊りながら唄っていたという。

半世紀前のPR歌 復活

喜多方の町おこしグループ

当時の産業界紹介

「現代版」の制作も計画

「喜多方産業祭りの歌」復刻を
報じる新聞記事
（朝日新聞　1990年6月8日付）

写真左より、復刻した「喜多方産業祭りの歌」を聞く佐藤一男、横山喜伸、上野正雄、鶴巻智信
写真提供：NHK

「当時、七十人ほどいた芸者さんも、もう三人ほどになっていた。お座敷に呼ばれることも少なくなり、いつの間にか、忘れ去られていたのですよ。どう唄っていたのかわかったときには、本当に興奮しましたよ。それにしても、当時から、喜多方をPRしようと頑張っていた人がいたんです。それを復刻することも、後を継ぐ者の役割だと思いましたね」

荒井は、そう振り返り、目を細くする。

田付川「夢二」構想

平成三（一九九一）年、福島県における地域活性化を推進するためのアイデアを県が募集した。「夢ロード21」と名づけられた企画だった。荒井は、その「夢ロード21」に〈田付《たづき》川「夢二」構想〉で応募した。

その内容は次のようなものだった。

地方の町方文化が、良い意味で残されている福島県喜多方市は、蔵の町として、あるいは、ラーメンの町として、注目されてきています。他の地方の小都市は、一部各種の整備化事業等によって、その様相を変えてしまっていますが、それらは、ときに過大な、機能分化を図ることによって、人々の生活習慣や生活感覚から、遠ざかってしまうこともありました。

喜多方市においては、この町の独特の事情から早い段階での整備化は困難だったように見えますが、その理由の一つに、町の街路空間の特異さがあげられると思われます。細街路がことのほか多く、それらはまた、住民の生活や、都市としての機能と稠密《ちゅうみつ》に結びつき町の文化的ルーツといえそうです。

蔵も、ラーメンもそうした街路空間が醸成したものと言え、所産となって、現在関心を持たれるようになっています。そして、それは新たな意味合いにおいて再評価されるところとなり、それこそ、ラーメンの味にも寄与していると言っても過言ではないようです。今後も町方文化に根差した様々なものが見出され、造り出される可能性を秘めていると言えるでしょう。

とくに、町方の風情、町の人々を画に溶かし込んだ、画人竹久夢二《たけひさゆめじ》は、喜多方を好み、生涯を通じて、ここを訪れています。当時の画人の心のなかの、言わばアメニティ空間として、あるいは、心象として生きている町だったように思えます。

雪駄も下駄も草履も許される街路が、ここにはあり、そしてそのイメージはまた、都市内における生活環境の在りようと深く関わっています。

市内を流れる田付川に架かる月見橋界隈《かいわい》は、そのイメージを彷彿《ほうふつ》とさせ、「故郷」を十分に保持しています。「河川水系流域圏」から「故郷創生」まで、心象としての居住環境は、

夢ロード21　夢二橋のイメージ

住民の生活感覚と不可分に結ばれているようです。

この界隈の主役は、まさに細街路と河川と言えますが、その調和を橋によって図ることこそ、要請されていることのように思われるものです。

月見橋を「夢二橋」として、新しい都市計画のイメージ拠点として確立し、なおかつ衒《てら》いのない都市空間づくりのよすがとして、さらには、町づくりへと住民の創造的活力を導き出す重要な要因として、機能し得るものにしたいと願うものです。

伝統産業への寄与、新規工芸技法の創出、商業、観光等の活性化に向けて貢献するところは、多大です。地方文化のより適切な表現でもあり、郷愁と生活意欲とが、深く折り合わさったものとして、再度「橋」の役割を見直す前奏となるに違いありません。

町のなかの道は、当然のことながら突然にできあがったものではなく、長い歴史が反映されたものであり、そうした、歴史を写しとりながら、未来につづく道が望まれます。

ここで、夢二橋を想起することは、絵画の世界を通じて、喜多方の道が日本国内はもちろん、世界にまで通じていることを表現することができ、同時に町文化の世界的時間を表すことが可能になるでしょう。

具体的には、現在の交通事情を考慮しつつ、橋の近辺に町方保存のための駐車場を設置し、橋は、装飾タイルを使用し、道々の景観とマッチングされるものを想定しています。当然のことながら、歩道用のものと車輌《しゃりょう》用のものと分けますが、祭りの日などにはそれらが一体となり、ひとつのコミュニケーションスペースを形成します。あるいは、夏の一時期、満月の日をそうしたスペースを活用することなどが考えられます。


改めて荒井に語ってもらった。

「そもそも、会津若松は『武家文化』、喜多方は『町方文化』と称されますが、喜多方は昔から、その中心を流れる田付川を基本として、東西に分かれて東の西四ツ谷、西の小荒井と大別され、町方文化の東の流通路として栄えてきました。また、この川は新潟まで続いています。

この喜多方を流れる田付川のシンボルが月見橋です。昔の人の話では、この橋で東西の男衆が競り合って綱を引き、力比べをしたといいます。また、川の河川敷には夏になると月見草が咲き乱れ、夜になると、納涼を楽しむ人々の姿が多く見られたそうです。

しかし、昭和の後期と平成の初期の増水で大きな被害を受けてしまいました。月見橋は流失しなかったものの、咲き誇っていた月見草は全滅してしまいました。私は、町の活性化のために、この月見草を復活させたいと考えたのです」

荒井がそう考えたのは、理由があった。実は、喜多方では、昭和五十九（一九八四）年に廃線になっていた日中線跡《にっちゅうせんあと》にしだれ桜の並木道（約三キロ）を整備し、春のピーク時には二十万人が訪れるほど人気となっていた。

また、この春のしだれ桜に合わせ、各地区では、雪解け時には福寿草、春には菜の花畑、六～八月にはヒメサユリ、夏にはヒマワリなど、季節ごとの花イベントも始まった。しかし、残念なことに月見橋周辺は手つかずのままだった。そこで荒井は、月見橋北側の土手にひとりでこつこつと月見草を植え、手入れを始めた。もちろん自費を投じてのことだった。

荒井は言う。

「月見橋の由来は、この地区に月見町という行政区があったからですが、このあたりは喜多方の歓楽街でもあり、月見橋では通りすがりの客を誘う客引きの場でしたし、屋台チャルメラの『藩欽星』も、この橋で営業していたと言います。

また月見橋は、竹久夢二が、この橋から輝くばかりの月を見て、大いに感動したと伝えら

竹灯籠の明かりに浮かび上がる月見草

花開いた月見草

笠井尚氏による「竹久夢二と喜多方」の講演会

れ、夢二橋とも呼ばれています。この喜多方の中心を流れる田付川と月見橋は、いわゆる〝町のヘソ〟であり、私としては、なんとかして、月見橋を単なる橋ではなく、イベントやコンサートが開催できる〝コミュニティー橋〟にしたいと思ったのです」

そして荒井は、月見草の手入れを続けた。その結果、平成二（一九九〇）年八月にようやく、東の「小田付町衆会」と西の「参金会」のメンバーで観賞会を開くことができた。荒井は言葉を続けた。

「実は、この田付川は、竹久夢二が、この橋から輝くばかりの月を見て、大いに感動したと伝えられ、夢二橋とも呼ばれています。私としては、月見橋を単なる橋ではなく、イベントやコンサートが開催できる〝コミュニティー橋〟にしたいと思っているのです」

コツコツと手入れをした甲斐はあった。令和六（二〇二四）年には、月見草が多く咲き誇り、参金会メンバーで松山公民館職員の横山喜伸《よこやまよしのぶ》から竹灯籠《どうろう》明かりの協力を得ることもできた。また、地元歴史小説家の笠井《かさい》尚《たかし》氏を招いて、講演会「竹久夢二と喜多方」も開催した。

この年、月見橋周辺で、昔のように蛍《ほたる》が舞い踊るのも確認できたという。田付川は確実にきれいになっているようである。

「マイロード121・イメージフォーラム'92」の開催

平成四（一九九二）年七月九日から十日の二日間にわたり、喜多方厚生年金ホールにおいて、参金会の会長となっていた鶴巻智信（現・喜多方ホタル夢づくり会 幹事長）を実行委員長として、「マイロード121・イメージフォーラム'92」を開催した。

国道百二十一号の米沢・喜多方間が開通したことを受けてのフォーラムであり、「道路による人・物流の流れを促進し、地域活性化につなぐ」がテーマだった。

当時のことを、上野は次のように記録している。

シンポジウムを開催するきっかけ

121号線建設整備期成同盟会（沿線各自治体3市2町2村）会議に建設課長が出席した折、郡山国道工事事務所長から「この道路の整備事業は地元自治体の要望があって始めたものです。予算確保の難しい中にあっても工事が継続でき完成をみました。関係する自治体は、道路の完成に伴い、地域活性化をいかに図るかという議論の場があって良いと思うが、開通に当たり何も行わないのは遺憾です」という復命があった。

私が「それはそうだよね」と課長に言ったら、「所長の話に皆寡黙」と課長は話す。私が

「民間（参金会）のイベントでも良いか」と質《ただ》したら、翌日、課長は「民間でも良い」と言ってきた。

本市の長年の願いであった国道１２１号線建設整備事業「米沢・喜多方間（通称：大峠ずい道）」の完成を祝うシンポジウム開催にあたり計画を立てた。主催者となる、まちづくり団体「参金会」に諮《はか》るための企画書を作成し、提案を行い、了承を得た。その後、具体的に、レジュメ・ポスター、参加者の人数と対象範囲、日時、開催期間、会場、基調講演、パネラー人選、講演者選出、予算書等を、順次参金会に諮り賛同を得た。

次に後援を頂く各種団体にお集まりを頂き、たたき台として企画書を提案し、ご意見を頂き調整を図り、合意を得た。郡山国道工事事務所長とお会いし、企画書の説明を行い、了承を得てシンポジウムの開催に向けて始動した。

その後、基調講演については、上野が、喜多方市出身で地域振興整備公団の副総裁だった北《きた》村廣太郎《むらこうたろう》氏に直接電話を入れてお願いしたところ、快く引き受けてもらうこととなったという。

また、喜多方市出身で農林省審議官だった白井英男《しらいひでお》氏から「女性のパネラーも入ったほうがいい」というアドバイスがあり、白井氏自らコンタクトを取って、棚倉町《たなぐらまち》の町長だった藤田満《ふじたま》寿恵《すえ》氏に出席してもらうこととなった。藤田氏は、昭和五十二（一九七七）年から棚倉町の町

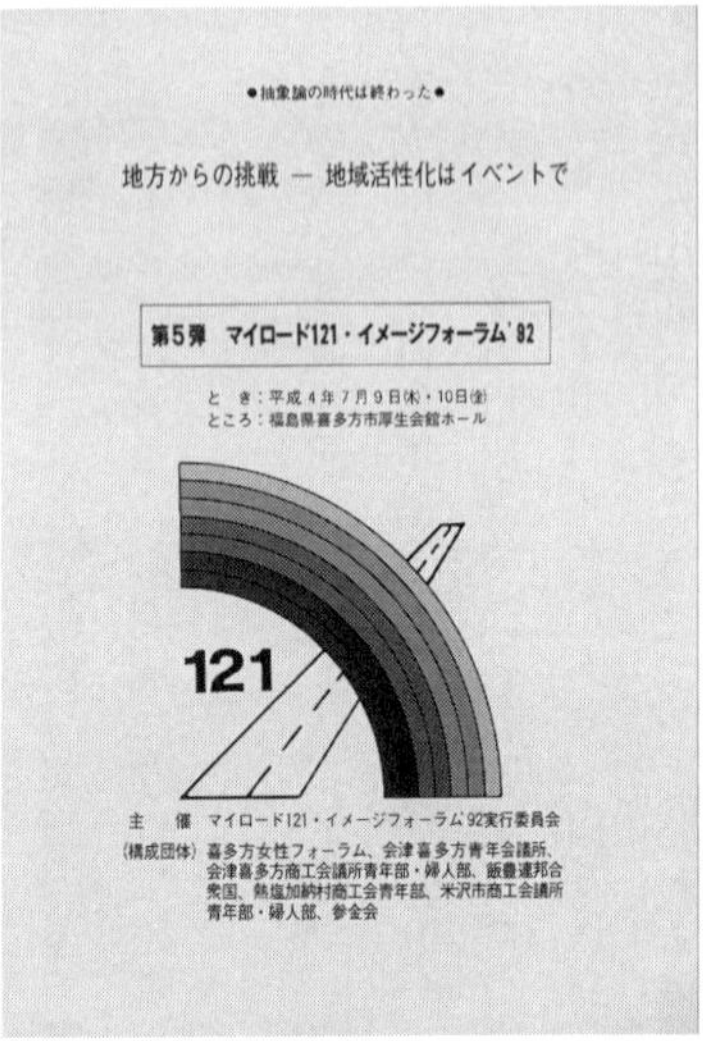

「マイロード121・イメージフォーラム'92」のポスター

長を務め、藤田氏は「ルネサンス棚倉」と銘打った町おこしで注目されていた。

さらに、フォーラム開催のPRについて県の地域振興課に相談したところ、都道府県庁と県内の自治体への啓蒙《けいもう》を引き受けてもらえることとなったばかりか、補助金二百万円も出してもらえることになった。

そればかりではなかった。郡山《こおりやま》国道事務所長に開催要項とポスターを持っていき、フォーラムの趣旨を説明したところ、パネラーとして東北地方建設局道路部長の宮地《みやじ》昭夫《あきお》氏を推薦してくれたばかりか、局長から「三桁《けた》の国道を民間で宣伝してくれることは初めてだ。局を挙げて応援する。東北六県の国道工事事務所すべてに通知するし、お手伝いできることがあれば言ってくれ」と励まされた。

これには、参金会一同、おおいに感動した。無我夢中で続けてきた参金会の活動は、確実に評価されるようになっていることを実感できたからであった。

そして、「マイロード121・イメージフォーラム'92」は、三百九十名が参加する中、過去の経験を活かして、スムーズに開催することができた。

シンポジウムで配布されたパンフレットの冒頭には、実行委員長だった鶴巻の、次のようなあいさつ文が掲載された。


〈ごあいさつ〉


全国のまちづくり実践者のみなさん「衣（会津型）・食（ラーメン）、住（蔵）のまち喜多方」に、ようこそいらっしゃいました。心から歓迎するとともに、感謝申し上げます。「マイロード121・イメージフォーラム'92」を開催するにあたり、主催者を代表して一言ごあいさつ申し上げます。

さて、私たちはどの自治体にもその地域で育んだ歴史や文化があるにも係わらず科学の進歩による利便さだけを追求するあまり、大切なものを置き去りにして来たように思われます。

長洲《ながす》（一二《かずじ》・神奈川県）知事の「地方の時代」とは、地方の確立である。また、一元的なまちづくりを進めるのではなく、地域にあるアイデンティティーを模索し、地域に根ざしたまちづくりを推進することでもあると解釈している。

人々が商店や病院を自由に選ぶように、自治体も真の意味での選ばれる視点に立って「感性のあるまちづくり」を促進しなければ、21世紀の展望は開かれず、地域の存亡にもかかわり、そこに居住している住民は悲劇であると、理解しなければならない。

このフォーラムは、地方自治体の活性化に取り組んでおられる造詣の深い先生方のご教示、全国のまちづくり実践者が抱えている問題や貴重な体験等に直接ふれて、地域おこしの研修をして頂くのが目的であります。

実行委員一同、この二日間、精一杯ホスト役を務めますので、皆様におかれましては、貪《どん》欲《よく》にまちづくりの情報交換とネットワーク化を築き、今後、地域の活性化に一層精励されますことをご祈念申し上げ、最後になりましたが、このフォーラムの開催にあたり、先生方の深いご理解と、まちづくり実践者の情熱、更には関係機関の温かいご協力に、心から厚く御礼申し上げ、ごあいさつにさせていただきます。どうもありがとうございます。


なお、このフォーラムにおける、主な基調講演の概要は次のようなものだった。

○北村廣太郎氏〔地域振興整備公団　副総裁〕

テーマ　21世紀の生き残り作戦

情報化社会の伸展、経済のサービス化、ソフト化の流れの中で、日本の社会・経済は急速かつ広範囲に変貌しつつある。この状況を正しくとらえ、地域に置かれた現状に当てはめ、実現可能な将来をえがく。

○**宮地昭夫**〔建設省 東北地方建設局　道路部長〕

テーマ　道路を活かしたまちづくり

東北地方における道路整備の歴史、東北の一体化とその発展を支えてきた道路整備の経緯を振り返る。特に、峠越えの国道整備が地域に与えた影響や、高速道路等を活かした地域づくりの事例から、121号大峠道路の効果と活用を考える。

○**飯田茂**《いいだしげる》〔地域活性化センター イベント業務課長〕

テーマ　イベントの企画と効果

さまざまなイベントが各地で計画され、その開催件数は年々増加の一途を辿《たど》っており、地域活性化の有効な手段の一つとして定着しつつあることがうかがえる。しかしながら、隣の町が始めたからわが町でも、といった安易な発想で、目的を明確に据えないまま興されたものなど真に活性化に結びついているか疑問である。更にはイベントの開催そのものが目的となってしまっている例も見受けられ、地域イベント再点検の要ありといえる。

○藤田満寿恵〔福島県棚倉町　町長〕

テーマ　活性化は住民の手で

棚倉町においては、自治省のリーディングプロジェクトの指定を受け、町活性化の起爆剤としての拠点施設リゾートスポーツプラザ「ルネサンス棚倉」の施設整備を図ってきたところである。行政としての役割は町活性化のための基盤づくりであり、地域にあった住民主体のまちづくり運動こそが活性化を招くものである。

なお、このイベントの開催によって「喜多方道の駅」の指定を受けることになったことを記しておこう。

「サザエさん」に感謝状を贈呈

飯野陽一郎氏が市長だった時代のこと、国民的アニメ「サザエさん」のオープニングに、喜多方の「蔵」と「蔵馬車」が紹介されたことがあった。これを好機とばかり、荒井はマスコミ電話帳で調べたフジテレビの制作部に電話を入れた。「ぜひ、サザエさんに感謝状を送りたい」と――。

そんな申し出は初めてのことだったようで、フジテレビからの返答は、「全国の観光地を紹介してきたが、これまで、お礼に感謝状をいただくという話はなかった。アニメ制作のエイケン企画と相談する」というものだった。

その後、しばらくすると、「感謝状をお受けするという話になった」という連絡があり、さっそく、喜多方観光協会（会長・飯野陽一郎市長）の名で、感謝状を贈呈する運びとなり、副賞の地場産品をマイクロバスに積み込んで上京した。

持っていったのは、ふすま一枚大のサザエさんの絵柄の刺繍《ししゅう》（レナウン喜多方工場制作）、桐板でつくった感謝状と、猫のタマを含めたサザエさん一家全員の桐下駄（庄司桐材店）、日本酒（喜多方酒造組合）、味噌・醤油（星醸造）、お土産用ラーメン三百六十五食（喜多方老麺会）、漆のお椀《わん》と箸（長沢漆器）、そのほか米、たまり煎餅など……。いずれも、サザエさんへの感謝状プロジェクトに賛同したみんなの好意で無料提供された品々だった。

果たして、効果はあった。その後、サザエさんのオープニングには、喜多方ラーメンを食べているシーンが、３か月にわたって放送されたのである。

第四章
捨てきれぬ思いと、それぞれの道

参金会の市長選への挑戦と挫折

参金会が目指していたことのひとつは、「行政改革」だった。

昭和三十六（一九六一）年に第一次臨時行政調査会（第一次臨調）が設置され、昭和三十九（一九六四）年に「行政改革に関する意見書」が答申され、後の行政手続法につながる行政手続法制定や内閣府の設置といった、後に実現する行政改革に関する基本的な提案が含まれていた。その後、昭和五十六（一九八一）年になってようやく、第二次臨時行政調査会（第二次臨調）が設置された。いわゆる「土光臨調」である。

この土光臨調は、鈴木善幸内閣が掲げた「増税なき財政再建」を目指し、政治的圧力や官僚の抵抗を受けつつも、田中角栄などの大物政治家の支持を取り付け、三公社民営化などを提言、大きな期待が寄せられた。

一方、喜多方市では、昭和四十五（一九七〇）年の市長選に出馬した元衆議院議員の唐橋《からはし》東《あずま》氏（社会党公認）が社会党のほか共産党、一部の保守系議員の支援を得て、「過疎化の農村都市を暮らしをよくしよう」をスローガンに、保守系無所属の現職・山口峻三《やまぐちしゅんぞう》氏との一騎討ちを制して当選を果たし、それ以降、連続四期にわたって革新市政を布《し》いていた。もともと小学校教員や中学校の校長を務めていた唐橋氏は、国の重要文化財である熊野神社長床拝殿の復元や、小学校一校ごとに幼稚園付設制度を確立するなど文教、福祉行政で手腕を発揮したとされるが、いわゆる補助金頼み、箱物行政が続いていた。

その唐橋氏は、昭和六十一（一九八六）年四月十三日に行われる市長選での五選を目指した。このとき対抗馬として立ったのは、自民党の推薦を受けて立候補した元福島県議会議員の飯野《いいの》陽一郎《よういちろう》氏だった。

まさに、絵に描いたように「保守VS.革新」「既得権派VS.非既得権派」の構図だった。そんな中、参金会はこれをよしとせず、ある新人候補を擁立するために「喜多方の活力ある街づくりを実行する会」を立ち上げた。昭和六十（一九八五）年九月のことだった。

荒井や上野をはじめとする参金会のメンバーは、「自分たちが理想とする町づくりを実現するには、政治抜きでは考えられない。政治は選挙で勝ち取ってこそ成し得るものだ」という強い思いがあった。そして、次のような文書をつくり、訴えた。

【現在の喜多方市はこれで良いか！】

昭和四十五（一九七〇）年四月、高度成長の中で誕生した唐橋市長は、同年五月二十日の広報紙で所信表明を次のように述べている。

「喜多方市は、今、市政発足以来の重大な危機に直面している。さらに全国的な一連の過疎化であるが喜多方市は特に強い。このことは中小企業の倒産、人口の減少、農村の不安となっている。私は、これらの状態を阻止し、跳ね返さなければ喜多方市の発展はあり得ない」と述べている。

くしくも現在の喜多方市の置かれた現状を見るとき、市政始まって以来の企業の倒産、廃業そして寂しくも残念なことであるが、夜逃げと自殺の最も多い市にさせてしまった現実を見るときに、何一つとして、解決されないまま十六年という長い年月を経過してしまったことを市民はどう思い、市長は周知の事実にどう弁解するのか。

現在の喜多方市の実情を、市長は「国際的に不況だから喜多方市もごたぶんに洩《も》れず」と言い訳をしている。唐橋市政発足のあいさつの中で行っている言葉を引用するならば、今の喜多方市の実態は「全国的な一連の不況であるが、喜多方市の場合は特にひどい」という論法になろう。

また、市長は市民の叡知《えいち》と創造力を十六年間も引き出せなかったことを認め、いさぎよく自分の行政能力がなかったことを市民に謝るべきであると言える（以下省略）」

当時はまさに日本全国で行政改革が叫ばれていた時期だった。この参金会の動きを受けて、朝日新聞も地方版で、次のような記事を配信した。

喜多方市長選　保革対立構図に一石　若手グループ独自候補

任期満了による喜多方市長選は来年四月に行われる予定。そこへ十五日夜、「喜多方の活力ある町づくりを実行する会」が旗揚げ、市長選に独自候補をたてることを決めた。同市長選は激しい保革対決の一騎打ちで戦われてきているが、同会は「無党派中道候補」を予定しており、次回市長選の新しい動きとして注目された。（中略）「実行する会」の独自候補は長年続いた保革隊列の図式を揺るがす「第三勢力」になりそうだ。（朝日新聞　昭和六十年十月十七日付）

参金会メンバーは真剣だった。擁立する人物についてもきちんと精査し、人望のある人であることも確認していた。関係者からも「彼なら大丈夫」と多くの証言を得ていた。

多くの人が「喜多方の活力ある町づくりを実行する会」の訴えに耳を傾けてくれたし、活動に協力してくれると言う人も少なくなかった。参金会のメンバーだけではなく、多くの喜多方市民が、従来の政治をぶち破り、新たな政治に挑んでくれる清新な人材を求めていたのだ。

ところが、思いもかけないことが起きた。

年が明けた一月二十二日、突然、候補者が不出馬を表明したのだ。支援していたスタッフたちを前に、明確な理由が示されることはなかった。みんな「なぜだ！」と絶句した。明確な答えはなかった。ただ、「降りる。申し訳ない」というばかりで、何度も思い返すように声をかけたが、不出馬の決意を翻すことはできなかった。直前まで出馬に強い意欲を示していた彼にいったい何が起きたのか……。参金会のメンバーにしてみれば、政治の世界の複雑さを思い知る出来事だった。そして参金会は、「喜多方の活力ある街づくりを実行する会」の会報で、「市長選は静観する」したうえで、次のように謝罪した。

「私達は市民の皆様にたいして重大な犯罪行為をしてしまったのです。特に、私達を温かく励まし見守ってくださった多くの方々に対し、期待を裏切ることとなり誠に申し訳なく、深く反省し、慎んで幾重にもお詫《わ》び申し上げます。

私たちが市民の皆様に訴え、行動してきたことは真実です。けして、功名心で無いことだけは、ご報告させてください。けして自己陶酔ではありません。私達は大衆に訴え行動をとって参ったのです。若くもなく、美しかったでは済まされないこともよく承知しておりま す。どうぞお許しくださいますようお願いいたします。洞察力が甘かったのです（以下、省略）」

参金会が目指していた行政改革

結局、昭和六十一（一九八六）年の市長選は、飯野陽一郎氏が制することとなった。その飯野新市長に対し、参金会は次のように行政改革の必要性を強く訴えた。

【今、なぜ行政改革か！】

経済の高度成長期時代には、税金の伸びにより、交付金及び特別交付金、それに各種補助金等々が多く、地方自治団体にとっては非常に行政のやりやすい時代であり、住民の要望にも十分応えられていった。この時期には創意工夫よりも地元選出国会議員の方々に陳情し、まさに地域誘導の政治が力を発揮した時代であった。

しかし、オイルショックに伴い、社会経済はインフレへと進み、政府は景気のテコ入れに建設国債を発行し経済の立て直しを図ったが、それほど効果は上がらず、一般会計に占める赤字国債の割合が膨大な金額になっていったのはご承知のとおりである。

その後、政府の懸命な努力により日本国経済は安定成長、低成長の道をたどった。そして今、国際貿易収支の不均等により、日本を取り囲む環境は一段と厳しい立場に立たされているのである。

このような環境の変化の中、地方公共団体も、税金は減少の一途をたどり、仕事はしたいが金が伴わず、起債という安易なものに飛びつき、住民の要望に応えてきたのである。しかし、起債といっても、それは住民の税金で返す借金なのである。

ここにきて、「行政は税金でまかなう」という原則を破り、「住民に借金を負わせる」、いわゆる税金行政から借金行政に変わったのであり、住民は何のために税金を納めているのかと不満を持つに至った。

住民に対し、税金をどうしたら有効に、サービスとして還元できるのか、優先順位は間違っていないか、経済はこの先どう推移するのか等、真剣に検討せず、目の前の予算の収支バランスのみを考えた結果、行政の資金繰りはドロ沼化することとなったのである。

「入るを量って出るを制す」「市役所は潰れない」

このような行政の発想をマスコミ等に指摘され、住民は「行政はこれでよいのか」という考えになり、行革の火として一気に全国に広がった。

行政は守備範囲を見直し、住民に対して「サービスの低下を来さなければ民間に委託してもよいのではないか」と考え、住民は「行革を進めていくために何をすべきか」という考えに立つようになった。いわゆる、少ない税金を有効に使おうとする「企業的感覚」に立ち、今の行革は着実に進められ、これからも加速度的に推し進められるであろう。なぜならば、今の環境に増税は馴染《なじ》まず、しかもこれからの経済情勢が急激に好転するとは考えられないからである。

このような中で、住民サービスを高めていくためには、そのための財源を自らの創意工夫によって探していき、行政のコストを引き下げることによって、サービスの水準を維持することが重要である。

行革は、一律減量というのではなく、スクラップアンドビルドなのである。

ところが、一律10％の削減を行政改革だと思っておられるふしがある。これは、住民を無視した方法であり、真の行革ではないので、住民のコンセンサスは得られないであろう。

真の行革とは、すべての行政事務を見直し、「現在の時代にそれが適応しているのであろうか、確実に到来するであろう高年齢化時代に対応すべき政策が果たしてできているか、また、今後必要とされる政策は何なのか」を問い直すことである。今からプロジェクトチームをつくり、21世紀に向かって明るい希望を持てる「喜多方市のまちづくり」を進めるため、真剣に考えて答えを出すということが、真の行政改革であると理解すべきであろう。

そのうえに立ち、市民の皆様にもご協力を願い、負担も要請することができるのである。

まずは、市長の「まちづくり」に対する強い意志と決断、そして確かな実行力が前提となるのは当然であろう。

職員は、常に市民のために創造と豊かな知識を養い、「市役所は市民の委託事業所である」という現実を忘れず、将来にわたって喜多方市役所が生き残れる方法を模索し、実行に移さなければならないのである。なぜならば、市民が市役所を選ぶ時代が来ないとも限らないからである。

誰が、国鉄・電電公社・日本専売公社・日本航空の民営化、聖域であると思われた米価の引き上げ等々を予測し得ただろうか。

市民と産・学・官が一体となり、効率の良い行政を進めていくことが大切であろう。

行政改革は、まさに明日のまちづくりに向けて、明るく希望の持てる手法なのである。「市民サービスの低下を来さない」これを原則として考え、基本的には行政コストを下げるのが目的である。簡単に言えば、行政と民間の役割分担をはっきりとさせるということである。これからは、民間の能力と情報を有効に活用し、まちの雇用拡大を図る面からも、これは十分に価値のあるものである。

しかし、行革を進めていくうえで、これを阻むものは職員であり、その立場から考えれば、職員の行政に対する意識の改革が必要である。「行政とはなにか」について、それぞれの責任を認識し、自覚していくことが重要だろう。公務員の士気を高めるために、「努力する者はそれだけ報いられる」というような運営が必要である。そのような観点から物事を考えれば、行政改革は市民が求めているものであるから、市長も議会も職員組合も一緒になって実行し、行革を推進することは可能であろう。

職員労働組合は「労組の弱体化に繋がる」ので反対しているのに、表面的は「市民サービスの低下」などという言葉にすり替えているが、これは市民を愚弄《ぐろう》することであり、もう市民に通用しないことも自覚していく必要がある。

100のコストがかかっていたものを民間経営にすれば2分の1のコストでできるものもある。そうすれば、サービスの質を落とさないで、必要な金は半分で済み、残りの半分の金が余る。この「余った金」を、たとえば建設的な投資に回せば、市民のために新しいサービスや事業が次から次へとできることになる。

「サービスの低下」「福祉の後退」どころか、より大きなサービス、より新しい事業や福祉を進められるわけである。コストが高いために、いわば無駄になっていた金を、今度は生きた金として、まちづくりに積極的に投じられる。

「税金を効率よく使う」それによって、市民サービスや福祉が2倍にも向上し、前進するのである。このように、行政改革というのは、決して住民サービスを落とすものではなく、逆に高めるものであるから、まさに立派な「まちづくり」の手法であるといえる。

出典：参金会定例会開催要項　昭和六十二（一九八七）年十二月四日

参金会のメンバーが、このような行革への想いを持ち続け、様々なイベントを実施したり、行政に対する様々な提言を続けたりしていたことは、第三章までに語ってきたとおりだった。もちろん、みんなの活動で大きな成果を上げていたし、参金会の発言力も高まっていった。だが、その一方でメンバーの間に、飽き足りない想いも芽生え始めていた。メンバーの目からすると、飯野市政も唐橋市政時代と変わらぬ中央頼みに見えた。つまり補助金頼りの体質から脱却していないと思えたのである。

巨大な行政組織が一気に変わるのは難しい。相変わらず箱物中心の市政運営が続いた。そのため、参金会の中に徐々に無力感に近い空気が生まれていったのは仕方のないことだったかもしれない。そして、飯野市政の末期には、喜多方市の財政は累積赤字で破綻寸前まで追い込まれていくことになる。

一方、参金会の活動も徐々に下火となっていった。その大きな原因となったのは、前述した市長選挙における挫折《ざせつ》だったかもしれない。

世界へ飛び出した荒井

結婚式場を経営する傍ら、参金会の活動に力を尽くしていた荒井だったが、いつしか、その活動に飽き足らず「国際的な医療ボランティア活動に参加したい」と考えるようになっていた。その理由について、荒井は正直に「選挙での挫折が原因だ」と語る。

薬剤師と臨床検査技師、航空通信士の資格を持ち、自衛隊や民間病院で働いたことのある荒井にとって、国際的な医療ボランティアこそ、まさに自分の能力を活かせる場だと思えたのだ。思い立ったら行動が早いのが荒井である。彼は、平成六（一九九四）年になると、ＡＭＤＡ（アジア医師連絡協議会：Association of Medical Doctors of Asia）にボランティア登録手続きを始めた。そんな中で知ったのが、アフリカ中央部にあるルワンダでの紛争だった。

ルワンダでは、平成二（一九九〇）年から平成五（一九九三）年にかけて、フツ系の政府軍およびインテラハムウェと、ツチ系のルワンダ愛国戦線の間で紛争が起きていたが、いったん和平協定が成立していた。だが、平成六（一九九四）年四月、ルワンダキガリ空港に着陸態勢に入ったルワンダ大統領専用機が対空ミサイルで撃墜され、ハビヤリマナ大統領が死亡するという事件が発生。それを発端に、一時停戦状態にあった内戦の炎が再燃して、フツ系の政府とそれに同調するフツ過激派が、ツチとフツ穏健派に対して大虐殺を行った。このときの犠牲者は、人口七百五十万人のうち、少なくとも五十万人を数えるといわれ、同時に二百万人もの大量の難民が発生していると報じられた。

その模様は日本のテレビニュースでもたびたび流されていた。荒井は、それと同時に医療従事者への派遣要請が出されていることを知ると、すぐさま、医療従事者の派遣要請に応募した。するとすぐに、NGO（非政府組織：nongovernmental organization）として出国するようにという要請の連絡があった。

そのときのことを、荒井は「決断するまでには不安もあった。現地の状況次第で滞在がどのくらいになるかもわかりませんでしたが、日本人として、誇りを持って活動に当たりたいと考えていました」と振り返る。

そして荒井は、平成六（一九九四）年八月二十七日、医師一名、薬剤師一名、看護師一名、医療調整員二名というメンバーのうち、医療調整員として成田を出発し、遠くアフリカへと飛び立った。

医療調整員とは、医師、看護師、薬剤師とともにチームを構成し、患者の管理、カルテの管理などの業務に加え、資機材の管理、チーム生活面の管理などのロジスティックス業務を行うスタッフのことであり、まさに荒井の自衛隊での経験が活かされる役割だった。

そのときの体験を荒井に語ってもらおう。

ルワンダ難民救護（コンゴ　ザイール共和国〔現・コンゴ共和国〕ゴマ）

派遣団体　ＡＭＤＡ（アジア医師連絡協議会）
派遣期間　平成六（一九九四）年八月二十七日〜十月一日　派遣日数　三十五日間

ザイール共和国のゴマ市に到着したあと、すぐにＵＮＨＣＲ（国連難民高等弁務官事務所）の現地事務所を表敬訪問し、調査資料をもらいながら現地の状況の説明を受けた。

担当者の説明によると、荒井らが赴くキブンバキャンプ地は、現在は亜急性期となっているが、七月の急性期の頃は居住区とトイレの区別がなく、また水の供給体制が整わないまま汚れた水を補給したために感染症が蔓延《まんえん》していたとのことだった。

キャンプ地に向かう車窓からは、大量虐殺の結果、川に投げ捨てられ、流れ着いた死体が湖岸を埋め尽くしている光景が目に飛び込んできた。また、キャンプ地では、コレラ・赤痢《せきり》・マラリアが蔓延し、新生児・乳幼児が栄養失調で死亡し、キャンプ地の幹線道路際には白いシーツ、毛布、ゴザに包まれた死体がいくつも置かれていた。現地スタッフの話によると、ピーク時には、毎朝三千体がトラックで回収され、埋葬されていたという。

キャンプ地に到着すると、ＵＮＨＣＲ職員の指導により、道路左側のジャングル方面はトイレや汚物を置く場所、右側はビニールシートのテントを設営させた居住区にすることが決定し

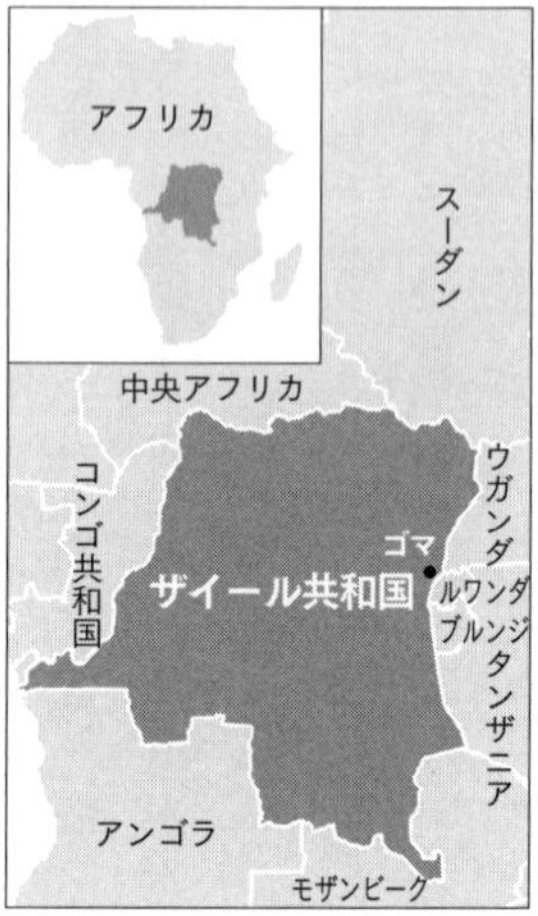

ルワンダ地図

た。また、水補給のトラックで、七月二十八日から八月九日まで、一日一人五リットルまでの供給ができるように手配した。一人一日五リットルの水が必要な根拠は、コレラ、赤痢で脱水症状になったときのＯＲＳ経口補液剤（Oral Rehydration Salts）の必要量から算定した。

この水供給プログラムを完成させ支えたのは、ＮＧＯであるＭＳＦ（国境なき医師団）のチームだった。荒井は、プログラムどおり、タンクローリー車がキブ湖からキャンプ地までＭＳＦの旗をなびかせながら何回も往復していく様子を見て非常に頼もしく感じたという。

このキブンバキャンプ地には、十五万人の難民がルワンダと結ばれた道沿いで生活していた。ジャングルから運んだ小枝に青いビニールシートを掛けただけのテントの中で、ＷＦＰ（国連世界食糧計画）から配給されたトウモロコシや小麦粉を煮炊きして食料にしていた。雨季が近づく中、雷や雹《ひょう》まで降る状況で、朝夕は特に寒く、難民はテントの中で過酷な生活を強いられていた。

また、こんなこともあった。荒井らが夕方診療所で仕事を終えた頃、大雨になり、一段と寒さが増してきたときのこと。半袖の老人と子どもが「泊まる所がないので診療所のテントに一夜泊めてくれ」と懇願してきた。話を聞くと、テントと家財道具一式を何者かに強奪されたという。弱者がどんどん犠牲になっていくという、難民を取り巻く過酷な現実の一部を目の前に突きつけられる思いだった。

荒井らは、診療所の警備員に毛布と食事を与えるように指示して診療所を離れたが、翌朝、元気にテントから出て行く父子の姿を見てホッとしたと振り返る。

ルワンダ難民キャンプの子どもたち

このキブンバキャンプ地での難民受け持ち人口は五万だった。それだけの難民を対象に、各国際医療機関、各NGOの診療所が援助に当たっていた。荒井らが担当した診療所は二か月で新患者が三千三百五十八人、旧患者千九百四十六人の合計五千三百四人の受診があった。

患者の疾患は、出血性下痢六百二十人、下痢三百七十八人、肺炎八百十二人、皮膚

キブンバ難民キャンプでの乳児へのミルク補給

病百六十九人、婦人病二十五人、回虫五百三十九人、マラリア四十七人、栄養失調四十七人（赤ちゃんが多い）などで、特に消化器感染症、呼吸器感染症、回虫、皮膚感染症が目立っていた（松浦《まつうら》多賀雄《たかお》医師のデータ）。

このキャンプ地では、寒さのためマラリアは発生しないので、ルワンダ国内で発病したものが入ってきたのではないかと思われた。

難民キャンプの診療所では、地元ザイール人のドライバー、ワーカー、看護師のほか、ルワンダ難民の通訳、ワーカーを三十人ほど雇用していた。

彼らは、毎日トラック三台に分乗し、朝市で昼食用の油揚げパン、バナナをスタッフの人数分購入してきていた。その金額は日本円にすると全部で五百円ほどなので、彼らにも無料で提供していたが、彼らは、その昼食を腹一杯になるまで食べるものだから、日本人スタッフが食べる分はほとんどなくなってしまっていた。それでも日本人スタッフは、「宿泊地に帰ったらいつでも食べることができるから」と、コーヒーで済ませることがほとんどだった。彼らにとって食べることは最重要事であることを十分に理解していたからだ。

ところがある日、問題が発生した。荒井らと一緒に来ていた日系アメリカ人の調整員女史が、突然、「給料の中に、昼食代も入っているので、もう昼食は提供しません！」と言い出したのだ。その結果、次の日から昼食の無料提供は行われなくなったことにより、大問題が起きることとなった。

昼食の時間になったときのこと……。ザイール人の看護師、ドライバー、ワーカーたちが日本語で「腹減った」の大合唱。フィリピンから応援に来てくれていたナースたちも泣きながら「本部は食事を提供すると約束しているのに、嘘《うそ》つき」と、仕事を投げ出して勝手に宿泊所に戻って食事を取り始めてしまった。

多国籍医療団のピンチだった。総額千円にも満たない食事代（安いときには八百円）で信頼関係が崩壊してしまったのである。事はそれだけに止まらない。セキュリティーにも重大な影響を及ぼすこととなった。

危険な状況になったとき、信頼度の高い情報をもたらし、安全に誘導してくれるのが現地のスタッフだからである。日本チームの表情がこれ以来、不安げになってしまったのは言うまでもなかった。一方、女史は危険を感じたのか、ナイロビに買い物に行くと言って出かけたまま、行方がわからなくなってしまい、プロジェクトの続行か撤退かの問題にまで発展してしまったという。この一連の出来事が影響したのか、荒井らのチームのトラックがハイジャックに遭遇し、ＰＫＯとしてやってきていた自衛隊の装甲車が出動するという事件が起こった。まさに、「食べ物の恨みは恐ろしい！」ものだったのだ。

そしてルワンダ難民救援支援も撤収時期となり、荒井らが帰国の準備を始めた頃、いっしょに働いてくれていたカンベンガ・マリールイズさんから、次のような訴えがあった。

「ザイールの兵隊が毎日待ち伏せし、金銭を要求してきて、非常に怖い思いをしている」

彼女は、毎日、ゴマ市の薄暗いアパートから通勤してきていたが、確かに難民キャンプ周辺の治安は急激に悪化してきていた。荒井たち日本人スタッフにも、「難民キャンプから宿舎に戻る帰り道の〝魔のS字カーブ〟に、重機関銃を構えたザイール兵がジープで待ち伏せをしているから気をつけるように」という情報が入り、各チームが車列を組んで強硬突破しなければならない状況になっていた。

ちなみに彼女は、ルワンダで洋裁の教師として働きながら、夫と三人の子どもと共に幸せな生活を送っていた平成五（一九九三）年に、青年海外協力隊のカウンターパートナーとして来日し、福島で十か月間の洋裁の研修を受けて帰国した。ところが、帰国して二か月後の平成六

難民キャンプでのマリールイズさんと荒井

（一九九四）年四月に大量虐殺が起きてしまった。そのため、夫や三人の子どもと共にザイールの難民キャンプに三か月かけて、命からがらに逃れてきた。そのキャンプこそ、まさに、荒井たち日本チームが難民救援活動のために向かった難民キャンプだった。そして、日本語を少しだが身につけていたマリールイズさんは、スワヒリ語のほか、英語やフランス語もしゃべれたので、日本チームの通訳として働いていたのである。

そのマリールイズさんは言葉を続けた。

「日本チームがいなくなったら、私たちルアンダ難民は全員殺されてしまう」

確かに状況は悪化するばかりで、日本チームが撤退すれば、彼女たち難民たちの命を守る存在は皆無になる。荒井たちにしてみれば、マリールイズさんたちも日本に連れて帰りたいところだ。だが、日本の難民受け入れは非常に厳しく、高い壁となって立ちはだかった。

荒井は、マリールイズさんの危機感を日本に伝えるために、キャンプの倉庫のテントで、マリールイズさんの日本語のビデオレターを撮り、帰国後すぐに、彼女を取り巻く現状を報告することを約束した。そして帰国後、約束どおり、ビデオレターを福島の人たちに見てもらうために走り回った。その結果、マリールイズさんの日本研修時代の友人を中心に「マリールイズ一家を助ける」運動が始まった。荒井は他にも何らかの手段がないかと、東京アムネスティ・インターナショナルにも相談に行った。残念ながら、そのときはどうにもならなかったが。

しかし、研修時代の友人たちの尽力で、平成六（一九九四）年十二月、彼女は家族と共に来日することができた。荒井も成田に出迎えに行った。だが、そこでマリールイズさんから、涙ながらの悲しい現実を知らされることとなった。

「荒井さん！　キャンプで通訳として働いていたセンキ兄さんも他の兄弟も殺された。ルワンダ難民のワーカー全員が殺された」

脳裏に「ルワンダに平和をもたらす大統領になる」と言っていたセンキ氏をはじめ、優秀で純粋だった若いルワンダ青年たちの姿が蘇《よみがえ》った。荒井は声を強めて言う。

「国際社会が注目しなくなったとき、弱者が一番被害を受けることがよくわかりました。これから起きるだろう紛争、戦争、テロ災害などに、国際社会は継続して注視していかなければならないと強く感じました」

このルワンダ支援は、日本の国際貢献のさきがけとなった。それまで日本は本格的なボランティア活動などしたこともなかった。自衛隊もいったい何をやればいいのかわからない、という場面がたびたびだった。そんな中、荒井たちは一つひとつ経験を積んでいったのだ。

人道支援には様々な要因が絡み合う。その調整は現地の状況をよほど理解しないとできないことだ。まして、「やってあげる」などという姿勢では、何一つできない。荒井は、そのことを強く実感したと振り返る。

バングラデシュ竜巻災害（バングラデシュ）
派遣団体　JICA（国際協力機構）
派遣期間　平成八（一九九六）年五月十七日～五月三十日　派遣日数　十四日間

平成七（一九九五）年一月、日本は阪神・淡路大震災に見舞われ、多くの犠牲者を出すこととなった。このとき、荒井は喜多方から新潟まで災害派遣の救急車で移動。新潟からは日本海フェリーに乗船して休憩を取りながら敦賀《つるが》港に向かった。このフェリーには、発災からわずか三日後だったにもかかわらず、北海道ガスの災害派遣チームが重機と共に乗船していた。そし

竜巻で崩壊した小学校

て敦賀から阪神までは、救急車が北海道ガスチームを先導し、荒井たちは、医薬品、衛生資材、毛布などと共に、大火災のあった長田区のクラックが入った区役所で、現地の医療チームと合流して活動した。

それからわずか四か月後の五月十七日、荒井は、医師四名、看護師七名、医療調整員三名のチームの一員として、バングラデシュへと向かった。首都ダッカの北西約百キロのタンガイル県で、五月十三日午後五時半頃から約二十分間にわたり強力な竜巻が発生。その結果、死者五百二十五名、負傷者三万五千六百九十一名という犠牲者が出たのだ。

荒井らが活動することになったのは、タンガイル総合病院敷地内仮設テント、タンガイル総合病院手術室、タンガイル県バシャイル郡ミルクプール村だった。そこで、荒井らのチームは、総勢九百五十五名を治療することとなった。

荷下ろしを手伝ってくれた子どもたち

「私たちが到着したときは、すでに災害から五日が経過しており、ほとんどの患者は創《きず》の縫合処置を受けていましたが、おそらくは発生直後の衛生機材、消毒薬、抗生物質の不足のため、感染を起こしていました。そのため、最初の一週間は感染の制御に主眼を置き、創部のデブリードマン（感染・壊死《えし》組織を除去し、創を清浄化することで他の組織への影響を防ぐ外科処置のこと）と消毒、抗生物質の投与を行いました。そして最後の三日くらいで縫合可能な創は手術室内で、できるかぎり縫合あるいは植皮にて閉鎖し、点滴を維持して抗生物質をそこから与えるようにしました」

こうした事情に加え、十九日には近くでバス事故が発生し、その怪我人も搬送されてきた。そのため、用意されていた衛生材料はたちまち底をついてしまい、急遽《きゅうきょ》、ダッカ日・バングラ友好病院から購入しなければならなくなった。記録によると、購入機材は、包帯（十センチ）＝四百巻、ポピドンヨード二百五十ミリリットル＝二百本、ガーゼ八インチ×七・五インチ＝一万枚、局所麻酔薬キシロカイン（一％・一〇〇ミリリットル）＝五十本、脱脂綿（五百グラムカット四号）＝五袋だった。

「また、それ以外にもＪＩＣＡ現地事務局書の医務室から借用したものなど多数ありましたが、最終的には現地調達した資材も底をつき、ガーゼの代わりに大人用おむつで対応しなければなりませんでした」と荒井は当時を振り返る。

アフガニスタン難民救済・医療支援による平和構築のための調査（パキスタン、イラン）

派遣団体　政府ＰＫＯ室

派遣期間　平成十（一九九八）年三月九日〜三月十八日　派遣日数　十日間

この任務は、パキスタン北西辺境州ペシャワール市周辺キャンプ地で、平和構築のための調査を行うことにあり、派遣メンバーは以下のとおりだった。

【派遣メンバー】

長崎輝章《ながさきてるあき》〔総理府国際平和協力本部事務局参事官〕
松浦博司《まつうらひろし》〔総理府国際平和協力本部事務局参事官補佐〕
坂本大輔《さかもとだいすけ》〔総理府国際平和協力本部事務局係長〕
中垣朋博《なかがきともひろ》〔外務省中近東第二課事務官〕
國井修《くにいおさむ》〔国立医療センター国際医療協力局派遣協力課厚生技師〕
金田正樹《かねだまさき》〔聖マリアンナ医科大学付属東横病院整形外科医長〕
荒井尚之〔薬剤師、臨床検査技師、航空特殊無線技士〕

三月九日にパキスタンの首都イスラマバード入りした一行は、十日、イフティカール・ムルシェド・アフガニスタン担当外務次官補と会い、オリビエＩＣＲＣ（赤十字国際委員会）の当地代表との協議後、陸路でペシャワールに移動。翌十一日にはアフガン難民キャンプ（ナシルバキャンプとガチャガリキャンプ）を視察後、再びイスラマバードに戻った。

十二日にはＵＮＡＭＡ（国連アフガニスタン支援ミッション）、とＵＮＨＣＲパキスタン事務所及びアフガニスタン事務所との協議

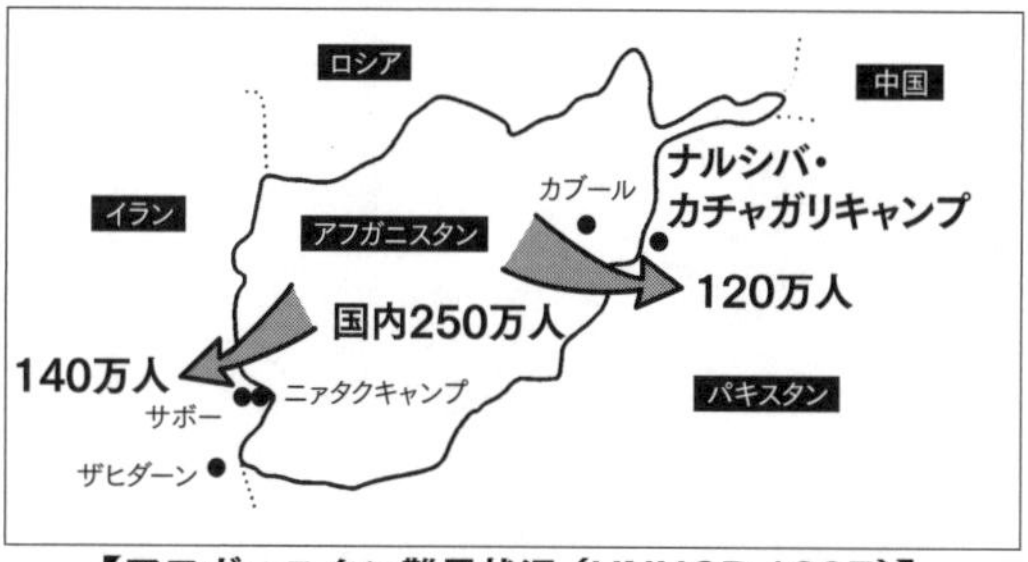

【アフガニスタン難民状況（UNHCR 1997）】

に臨み、十三日にはアジア首長国連邦のドバイへと移動。翌十四日にはイランの首都テヘラン入りして、同国の内務省外国人移民局次長、保健省伝染病部長、アフガン支援本部長などと会談した。

さらに十五日には、イラン南東部のザヒダーンに移動してUNHCRザヒダーン事務所訪問、医療ユニット等の視察を行い、翌十六日にはニァタク難民キャンプを視察。十七日には、イランの内務省外国人移民局ザヒダーン支局を訪問、同職員からの説明を受けた後、テヘランへと移動して、ICRI（イラン難民国際協会）、MSF（国境無き医師団）の関係者、UNHCRテヘラン事務所長などとの会談を行い、翌十八日、日本への帰路についた。

この調査の結果は、報告書にまとめられたが、次のような内容だった。

【報告書の概要】（1998年3月現在）

アフガニスタン本国

1996年9月にイスラム原理主義タリバーンが首都カブールを制圧し暫定政権を樹立。これに対してドスタム派、ラバニ派、ハリリ派が反タリバーン同盟を結成し、いまだ内戦状態にあるが、タリバーンが国土の90％を支配している。

これらの勢力に周辺諸国が民族的、経済的利害関係により大きく関与し、国連アフガン特別ミッションの和平活動もなかなか進展していない。

アフガン国内の避難民の状況は以下に集約した。

国内避難民は250万でその多くは南部の都市ヘラート周辺で生活しており、彼らへの援助、難民の帰還、和平後の保健衛生計画などのために、すでにUNHCR、UNICEF（国際連合児童基金）の国連機関をはじめICRCもアフガン国内に事務所を設置して活動していた。

イラン側からのロジスティックスの搬入は不可能（イラン現地政府の見解、イラン国内に物資が空輸された時点で関税をかけ、わが国のロジスティックス物資になるとの事。今まで海外の援助物資は我々が管理している）。

また、アフガニスタン国内での医薬品、食料、生活用品の物流（Logistics）は現地のローカルワーカーと車両を利用した目的地の各キャンプに無事到着

まず、電気は自己完結しており大型自家発電車で確保する

して初めて金銭を支払う、安全対策を講じたシステムであり、これらを大いに利用すべきであろう。

電気についてUNHCRは自己完結し独自の大容量の電源車を配置し安全の確保をしていた。

視察キャンプ地の水道については水質・水量とも不安であるため、ルワンダ難民救援のときのようなシステム（大容量の水源確保と、各キャンプ地に高さ1メートル・長さ10メートルのウォターバッゲージまたは給水塔からの配給、10日ごとのタンクローリーでの入れ替えが望ましい。ロジスティックス学から1人1日3リットルが目安である）。

トイレについて、各キャンプ地とも統一されておらず、居住区から離れた汚物地区を設け、消毒して土に埋没する方法が望ましい。

また無線通信システムについては、イラン国内ではUNHCRといえども電波の発射が封鎖され、無

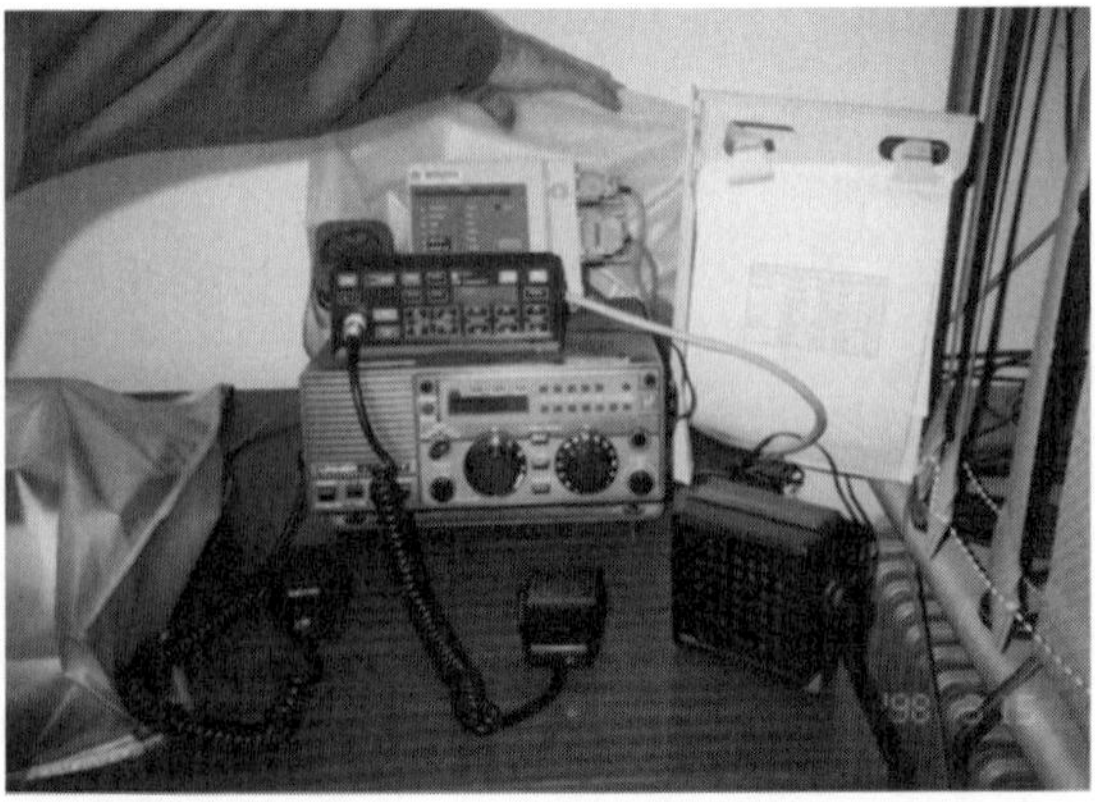

撮影のみ許可されたアフガニスタンの無線通信機器

線局は許可されずイラン側では不可能である。

そのため、ＵＮＨＣＲの無線機を供用、また、それとは別に衛星電話画像インターネット回線を常時開設しておくこととした。

１９９８年３月のＷＨＯ（世界保健機関）の報告によると、アフガン国内ではマラリア、下痢、麻疹、肺炎、結核、妊婦の疾患が増えている。とくに結核患者は１万２０００人を超え、その75％は妊娠可能な女性であると報告している。また乳幼児、妊婦の死亡率は世界トップで、国内状況から公衆衛生がカバーできないためである。

１９９７年８月のＩＣＲＣの報告では、ＩＣＲＣが援助している外科病院はアフガニスタン国内に５つあり、合計８９７床、同年１〜８月まで１万１２１１人、そのうち36％は戦争外傷であったと報告している。

本国アフガンの国連機関およびＩＣＲＣからの情報では自国による保健行政はほとんど機能していない。アフガン難民の今後の問題は和平後の難民帰還である。これらには、アフガニスタン本国の医療環境の整備と、帰還時の彼らの健康管理が大きな問題であり、国際的な援助が必要となる。

パキスタン

アフガン難民はパキスタン北西辺境州ペシャワール市周辺のキャンプで生活している。我々が調査したキャンプは以下の2つである。

・カチャガリキャンプ（Kacha Ghari Camp）

1980年につくられたキャンプで、現在1万7320家族（1家族約7〜8人）が生活している。キャンプの中心にヘルス管理センターがあり、医師、看護師、保健師が常駐し、対応ができない患者はキャンプ外の専門病院に紹介し、費用は無料とするシステムとしていた。アフガン女性は多産であり貧血が多いため検査と栄養指導、鉄剤の投与が行われていた。

・ナシルバキャンプ（Nasir Bagh camp）

1994年につくられ、6630家族が生活している。このキャンプはかなり大きなNGOの診療所があり、保健衛生の中心的役割をなし、ヘルスワーカーが難民の健康相談を受けるシステムができていた。また家族単位の健康台帳がきちんとできていて、それに基づいてワクチン接種などが行われていた。

カチャガリキャンプ

ナシルバキャンプ

イラン

１９９７年９月のＵＮＨＣＲイラン事務局の発表によるとイラン内の難民キャンプは29キャンプで８万２０４４人の難民が生活し、そのうちアフガン難民は６キャンプ２万２０２２人であると報告している。

この国には西に湾岸戦争後のイラク・クルド難民、北にアフガン難民を抱えている。８万人と言われているが、非キャンプ難民（Non camp Refugees）が大半でその数は膨大である。

テヘランから空路２時間のイラン南東部の町ザヒダーンは人口50万のパキスタンとアフガンの国境に接し、ＵＮＨＣＲの現地事務所のある国境の町である。ニァタクキャンプはこのザヒダーンからさらに北へ２２０キロの位置にあり、車で２時間半を要した。

ニァタクキャンプにて、荒井とキャンプの子どもたち

3つのコンテナ型ハウスがヘルスポストとして設置され、2名のヘルスワーカーが中心となり保健活動が行われ、ここでも家族単位の健康台帳ができて衛生指導が中心に行われていた。

このキャンプでは赤痢、コレラ、マラリア、ブルセラ症、B型肝炎、寄生虫による疾患がみられ、ここでも結核患者の増加が問題であった。

ここでは、NGOはなくUNHCRイラン事務局が管理・運営していた。しかし北イランのマシュエド周辺ではMSF（国境なき医師団）が医療活動している。

結論

1. 20年に及ぶアフガン難民の保健衛生の現状について調査した。
2. パキスタン側とイラン側との難民生活状況には大きな差を認めた。
3. 難民帰還時には日本の緊急医療援助の必要性を認めた。
4. 評価法や医療プランを考慮するうえで有意義だった。
5. アフガン各キャンプ地の物量支援は現地のワーカーによる出来高払いICRC手法。
（安全にロジスティックスを運用できる）
6. 電気は自己完結だった。よって電源車両（3相200V、単相100Vの大容量）は欲しい。

7. パキスタン側、アフガニスタン本国では無線局が許可になるので、当時の駐在武官に日本大使館の周波数を借用できるよう指示した。

パプアニューギニア津波（パプアニューギニア）

派遣団体 JICA

派遣期間 平成十（一九九八）年七月二十一日〜八月三日 派遣日数 十四日間

一九九八（平成十）年七月十七日、パプアニューギニア北西部のシサノラグーン沖約三十五キロの地点でマグニチュード七の地震が発生、それに伴う津波が沿岸部に押し寄せ、死者二千名以上、行方不明者数千人（推定）という大きな被害を及ぼした。

この事態に「パプアニューギニア国津波災害救済 国際緊急援助隊（医療チーム）」が組まれることとなり、JICAから荒井にも電話連絡があった。荒井は言う。

「JICAからの連絡はいつも、『成田に行ってくれ』というほんのひと言です。とにかく現地に飛んでくれ、ということで、実際、現地に着くまで、いったい何が起こり、どういう状況になってるかわからないのです」

それでも荒井はすぐに準備を進め、七月二十一日には成田空港でチームに合流して成田を飛び立った。チーム体制は、総括一名、緊急医療スタッフ二名、緊急看護スタッフ四名、医療調整スタッフ二名（荒井を含む）、業務調整スタッフ二名の十一名だった。

一行は、オーストラリアのブリスベンを経由して、二十二日午後にパプアニューギニア北部のウェワクに入ると、翌二十三日から現地のウェワク病院で医療活動に従事し、八月一日に現地を撤収するまでに、延べ三百三十九名の患者の治療に当たると同時に、現地の水質検査などにも従事した。

この任務では、今回の活動は前線医療活動、後方支援活動が、陸路ではアクセスできない状態にあった。そのため、ロジスティックは空路のみによる支援に頼らなければならなかったが、二・五トンの資材重機の輸送や多数の患者の搬送においては、オーストラリア空軍が活躍し、大きな実績を挙げた。

荒井は、「そのノウハウを学べたことは、日本にとって大きな収穫となった」と振り返っている。特にオーストラリア空軍のC－130による大量患者輸送は、日本では見たことのないもので、「まさに手本とすべき実戦であった」という。ちなみに、チームが帰国したのは、八月三日のことだった。

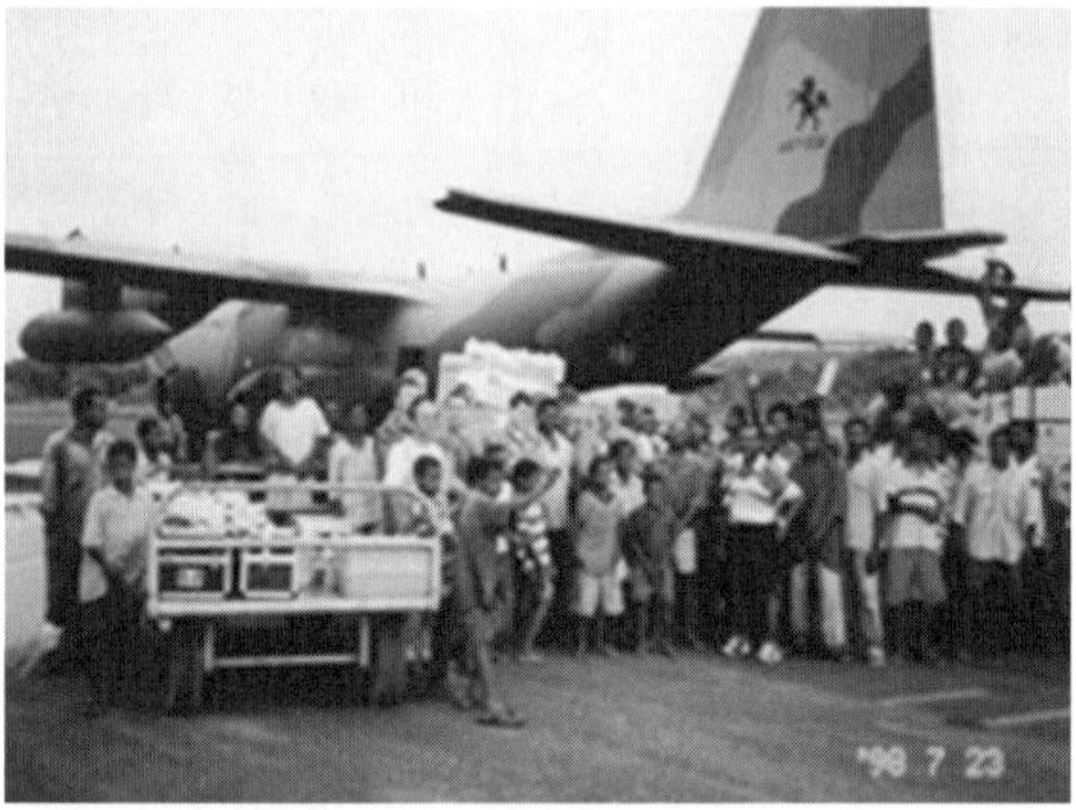

オーストラリア空軍機により多くの医療物資や患者が搬送された。

オーストラリア空軍による大量患者輸送の模様

ニカラグア共和国ハリケーン災害（ニカラグア）

派遣団体　ＪＩＣＡ
派遣期間　平成十（一九九八）年十一月十二日〜十一月二十五日　派遣日数　十四日間

ニカラグア共和国では、平成十（一九九八）年十月二十六日から十一月一日まで、大型ハリケーンのミッチと、その勢力が弱り変化した熱帯低気圧の影響によって、太平洋岸地域、北部山岳地帯を中心として断続的に記録的集中豪雨が続き、各地で河川の氾濫《はんらん》、北部のカシータ火山地帯での大規模な泥流が起き、死傷者千九百五十二名、行方不明者千百八十四名などの甚大な人的及び物的被害が発生した。

また、被害が甚大であった地域では、大量の避難民が発生しており、水道が復旧していないため、汚水により避難民の衛生状態は劣悪であった。

そこで日本から、総括一名、緊急医療スタッフ三名、救急看護スタッフ六名、そして医療調整スタッフとして荒井が派遣されることとなった。

医療チーム（ニカラグア共和国 ハリケーン災害救済 国際緊急援助隊医療チーム）は同国首都マナグア市の郊外に設けられた被災者のためのヌエヴァ・ヴィダ・キャンプおよびグラナダ市マラカトーヤ地区の二か所で医療活動を行い、千百二十人に対し診察・治療を施した。

ニカラグアへの派遣メンバー

投薬作業中の荒井

医療チームは被災住民に対し、懇切丁寧、きめこまかな診察を行った。医療チームは医療活動を行った地域の住民から大いに感謝され、またニカラグア中央政府並びに関係地方自治体からも丁重な謝意が表明された。荒井はこのように振り返る。

「医療チームは所期の目的を達成したと言えるでしょう。医療チームの現地到着は災害発生から約二週間を経過しており、緊急援助隊としてはやや遅きに失した観がないでもない……。しかし結果的には、良いタイミングであったと考えます。

交通網を遮断していた水も引き、自動車による移動も可能となっていたので、診療活動を無駄なくスムーズに行うことができました。また、ニカラグア政府が懸念していた感染症対策の観点からも時宜を得た現地入りであったと考えます」

トルコ地震（トルコ）

派遣団体　JICA

派遣期間　平成十一（一九九九）年八月十八日〜八月三十一日　派遣日数　十四日間

平成十一（一九九九）年八月十七日午前三時二分（現地時間）、トルコ一の大都市であるイスタンブールを含む西部地域（震源地はイスタンブールから約百十キロのコジャエリ県イズミット）において、マグニチュード七・四の地震が発生し、その後も余震が続いており、イズミット、アダパザル（サカリア県の中核都市）、イスタンブールを中心に人的・物的両面で甚大な被害が生じた。

これを受け、日本から八月十八日に「トルコ国地震災害救済国際緊急援助隊 第一次医療チーム」（団長一名、救急医療スタッフ三名、救急看護スタッフ六名、医療調整スタッフ三名、業務調整スタッフ三名）が派遣されることとなった。

例によって緊急連絡を受けた荒井は、すぐに成田空港へと向かいチームと合流、そのまま機上の人となった。

一行は翌十九日午後にはイスタンブールに降り立ち、資機材を受け取ると、すぐさまヤロヴァ（ヤロヴァ県の県都）を視察。翌二十日には、カラマン（カラマン県の県都）、アダパザル、イズミットでの調査に当たると同時に、資材を調達しながら、救出活動が行われている最前線での移動医療活動を開始した。

この段階で入手した情報では、最も甚大な被害を受けたコジャエリ県キルジュクからアダパザルに至る約三十キロの地域においては家屋の六割近くが全壊し、五十万人を超える全住民が住居を失っていると伝えられており、トルコ国政府筋は最終的な死亡者数を約四万人と予測していた。

サカリアに設営した日本チームの診療所

そして二十二日、サカリア県対策本部の要請に従い、県都サカリアに診療所を設営して本格的な医療活動を開始した。

活動拠点としたのは、約二百平方メートルの石炭貯蔵庫だった。所有者の絶大な厚意で中の清掃、屋根の修理などをしてもらい、また同地選出の国会議員の協力で側壁の修理やペンキ塗りなどの内部の整備もでき、短時間のうちに、何とか「診療所」を設営できたのである。

このトルコでの活動で、荒井は「日本の医療チームの存在価値を再確認できた」という。

「診療所ができたときには、当診療所の隣の被災民収容テント村で暮らしていた人が、「日本政府派遣医療チーム診療所」の看板を書いてくれました。彼はプロの看板書きでした。

また、飲料・手洗い両方の水の配給、ビスケット、トイレットペーパー、ペーパータオルなどについては、トルコ側関係者が最大限協力して、随時供給してくれましたし、軍の医療団を大量派遣したイスラエルとエジプトのチームも、うまく連携してくれました。

どれを取っても、日本チームの存在価値、あるいは存在意義が周囲から認められた証拠であったと自負しています。

また、医療活動そのものには派手さはまったくないというか、実に地味な診療所でしたが、地元住民の関心は高く、期間中の受診者は合計八百四名にも上りました。特に来院時と受診後に帰っていくときの、これが同一人物かと思えるほどの変化を目の当たりにして、〝ああ、ここまで来た甲斐《かい》があった〟という喜びを何度も味わうことができました。

それは、団員の誰もが感じていたことだと思います。感謝の言葉を残してニコニコ顔で帰っていく患者さんたちを見送る団員一人ひとりの顔には、それぞれに満足感と充実感を読み取ることができました。それがあったからこそ、暑さと何回にも及ぶ集中豪雨という厳しい自然条件下で毎日三〜四時間の睡眠時間であったにも拘《かか》わらず、ひとりも健康を害することなく最後まで頑張り通すことができたのだと思います」

なお、日本は、荒井らが参加した「トルコ国地震災害救済国際緊急援助隊 第一次医療チーム」に続き、八月二十七日から九月九日にかけて「第二次医療チーム」も送り出した。その第二次チームとの引き継ぎを終えた第一次医療チームのメンバーが日本に帰国したのは、八月三十一日のことであった。

トルコ共和国北西部地震災害（トルコ）

派遣団体　ＪＩＣＡ
派遣期間　平成十一（一九九九）年十一月十六日〜十一月二十八日　派遣日数　十四日間

前述したトルコでの任務からわずか三か月後の平成十一（一九九九）年十一月十六日、荒井

人々が避難していたドウズジュ市内のアタチュルク公園

は再びトルコへと派遣されることとなった。

同年十一月十二日午後六時五十七分（現地時間）に、今度はトルコ北西部においてマグニチュード七・二の地震が発生したのである。震源地はイスタンブールから東方約百七十キロの地点で、被害はボル県内（ドウズジェ、カイナシェル）に集中していた。

十一月十六日段階での情報は次のとおりだった（トルコ首相府緊急対策本部発表）。

「トルコ北西部地震国際緊急援助隊医療チームは、最も災害の大きかったドウズジェ市内のアタチュルク公園内に最適な診療サイトを選定、また、本隊の到着に備えて、通訳、車両の手配、必要資材や昼食の調達、宿泊などをすべて確保している」

この任務のために結成された日本チームの陣容は、総括一名、緊急医療スタッフ二名、精神医学スタッフ一名、小児科スタッフ一名、救急看護スタッフ六名、看護・呼吸管理スタッフ一名、医療調整スタッフ三名、業務調整スタッフ四名だった。そして一行は、十一月十六日に、成田空港を出発、その日のうちにイスタンブールに到着。翌十七日の昼には診療を開始した。

「与えられていた情報どおり、国際緊急援助隊医療チームのおかげで、日本チームは到着後、何の障害もなく診療活動を開始することができました。そして、一日平均百五十名以上、診療期間中は延べ千三百八十七名の被災者がわがチームの診療所を訪れました。

ちなみに、前述したように、今回の医療チームには救命医2名のほかに小児科医と精神科医

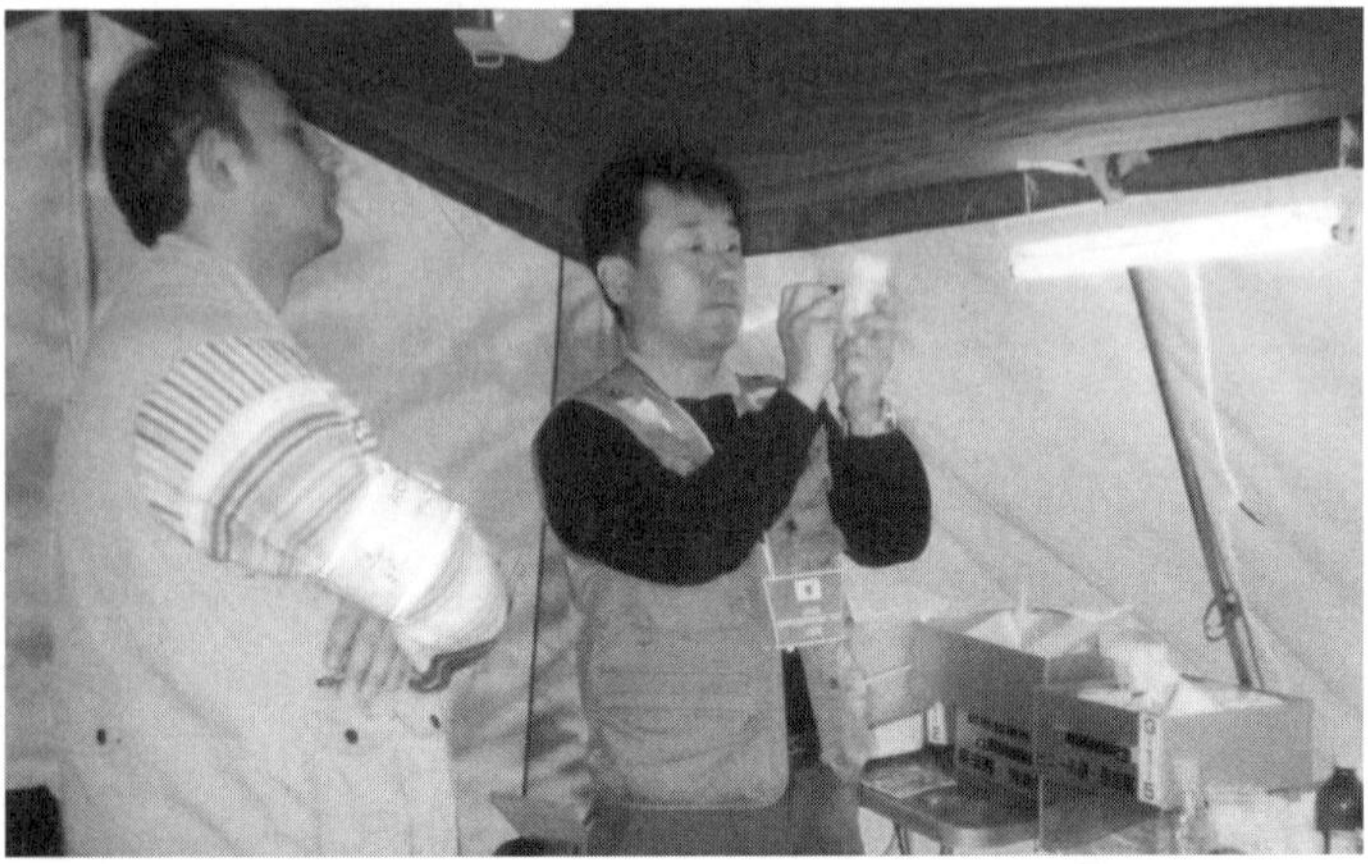

医療調整スタッフとして活動中の荒井

を入れて構成されてしまいましたが、まさに正解でした。

震災後の心のケアが一番求められていた時期があり、日本チームの診療所は診療開始と同時に、〝日本人の専門医から直接診察を受けたい〟と希望する、生後一か月未満の乳児を抱いた母親や、火傷やガラスの破片で負傷した学童を伴った多くの父母たちで混雑することになりました。患者のうち子ども（十歳以下）が二百五十二名を占め、また精神科を受診した患者も二百六十九名に上りました。

日本チームによる医療は十一月二十四日まで行われた。そして二十五日には機材等の引き渡し後に撤収。二十六日には関係各所への連絡・報告を済ませ、二十七日にイスタンブールを立ち、翌二十八日に日本に帰国した。

シリア地方病院救急医療体制支援（シリア）

派遣団体　ＪＩＣＡ
派遣期間　平成十五（二〇〇三）年三月二十一日〜四月三日　派遣日数　十一日間

平成十五（二〇〇三）年初頭、アメリカがイラクに対する武力行使に踏み切るのではないかという憶測が広がっていた。平成十三（二〇〇一）年九月十一日のアメリカ同時多発テロ後、アメリカのブッシュ政権はイラク、イラン、北朝鮮を「悪の枢軸国」と呼び、特にイラクのサダム・フセイン政権に対して、軍事介入も辞さない構えを見せるようになっていた。

そんな中、平成十五年一月、日本政府はシリアとヨルダンに「難民受入地域支援要請背景調査団」を派遣した。もしもアメリカがイラクに武力行使するようなことになれば、隣国のシリアやヨルダンに大量の難民が流れ込むことになる。そうなったときに、難民を受け入れられる地域がどこで、どんな支援が必要になるかを調査するための調査団だった。

そしてこの調査団に続き、さらなる情報収集のための専門家チームを派遣することとなった。その背景を少し説明しておこう。

まず、日本政府に対し、シリア政府からの「イラク国境に近いハサケ県にあるハサケ国立病院（イラク国境から約四十二キロのアル・ホール難民キャンプ地の後方支援病院）の救急医療体制の強化支援・技術協力を進めるための専門家を派遣してほしい」という強い要請があったことが第一の理由だった。

それに加え、当時、内閣府の国際平和協力隊事務局が、対イラク軍事行動が発生した場合、周辺国での難民支援として、国際平和協力法に基づく文民医療チームをシリアに派遣することを検討していたことも理由のひとつだった。

国際平和協力隊事務局は、活動拠点としてハサケ県アル・ホール難民キャンプを予定していたが、いざ難民が発生した場合、ハサケ国立病院でも活動しなければならない可能性が高かった。実際、平成三（一九九一）年の湾岸戦争時には、重傷患者がアル・ホール難民キャンプからハサケ国立病院に移送され、緊急対応を行ったことからも、病院の医療体制を確認、支援する必要があったのである。

また、日本はそれまでも、シリアの地方部の救急医療体制の強化のための支援を続けていた。平成四（一九九二）年度および平成五（一九九三）年度には、シリア国内の二十一の病院を対象とした無償資金協力（救急医療機材整備計画）も実施していたし。平成四（一九九二）年度には、ハサケ国立病院に救急車などの医療機材を供与していた。

それでもシリアの医療体制は十分な体制には程遠い状態であり、この点については、前述した難民受入地域支援要請背景調査団からも、「特にダマスカスなどの大都市部と地方との地域

シリア入りしたシリア地方病院救急医療体制支援先遣隊。右から３人目が荒井

間格差が顕著であり、ハサケ県をはじめとする地方の医療体制は脆弱《ぜいじゃく》で、救急医療体制の整備に対するニーズは極めて高い」という報告が上げられていた。

こうした背景を踏まえ、①アメリカの武力行使が避けられなかった場合に備え、難民の発生を待つことなく、同地域の緊急医療体制の強化の支援に着手することは、難民発生後の円滑な協力実施に繋《つな》げるために極めて有意義であると考えられること、②武力行使が避けられた場合、あるいは延期された場合であっても、同国地方部の救急医療体制の整備に対するニーズは従来極めて高く、協力が無駄となることはない、と判断され、専門家チームの派遣が決定されたのである。

こうして新たに派遣されることとなった専門家チームは「シリア地方病院救急医療体制支援先遣隊」と名づけられ、その陣容は、医師一名、看護師二

シリアの難民キャンプ

名、薬剤師一名、業務調整一名の計五名と決まった。そして荒井は「薬剤師」の立場で参加することとなった。
先発隊は約二・五トンの医薬品も持っていくことになっていたが、その救急薬品を含め、ハサケ国立病院にある医薬品を管理することが荒井に課された主な任務だった。
折しも、平成十五（二〇〇三）年三月二十日、危《き》惧《ぐ》されていたアメリカ軍によるイラク攻撃が現実のものとなった。その翌日の三月二十一日、「シリア地方病院救急医療体制支援先遣隊」は成田からシリアの首都ダマスカスに飛んだ。これまで、自然災害などの海外救援活動に何度も参加していた荒井だったが、戦時下での後方支援活動は初めてのことだった。
翌二十二日にはダマスカスからデリゾール、そしてハサケ県の県都ハサケに移動した。そして三月二十三日、荒井はハサケ病院に機材を搬入、打ち合わせに臨んだ。

同病院の緊急医療部には、かつてＪＩＣＡが実施した「救急・大災害医療セミナー」に参加した研修員が勤務しており、難民受入地域支援要請背景調査団から報告があったとおり、日本が供与した供与機材が有効に活用されているものの、老朽化が始まっていることを確認した。さらに荒井は、供与されている医薬品を調査した結果、使用期限切れ直前の抗生剤があることを発見して、おおいに危惧したという。調剤過誤に繋がる可能性が高いからだ。

その後、アル・ホール難民キャンプを視察するなどの活動をしていた荒井は、三月二十九日にはハサケ病院に赴き、薬剤管理やエマジェンシーＢＯＸ（救急医セット）について、病院関係者が討議、アドバイスした。

たとえば、同病院のエマジェンシーＢＯＸには、仕切りもなく、薬剤や処置用資材が乱雑に入れられている状態だった。そこで荒井は、日本式のパッキンシステムであるドクターズキットを見せつつ、このキットは救急車に搭載させたり、難民キャンプで身動きの取れない患者を往診したりする際に活用でき、チームで移動する場合のドクターズキットでもあるので必ず携行するようにアドバイスした。ハサケ病院の関係者は、荒井のアドバイスに真剣に耳を傾けたという。

エアーテント設営のデモンストレーション

翌三十日午前十一時からは、ハサケ病院の中庭で、病院職員・医師・看護師ら約六十名を前にエアーテントの設置デモストレーションを行った。

このエアーテントを膨らませるためには、電気のない野外でもコンプレッサが始動できるよう、三十キロボルトのジェネレータで試み、早急な救急時や移動診療所として少人数、短時間で完成し得るメリットを力説した。

またその際、白いテントはコンサルテーションに、キャンプ用テントは処置室・点滴室用に利用すると仮定。キャンプ用テントの床は毎日消毒清掃しなくてはならないのでブルーシートを敷き、内部に診察用ベッド、テーブル二個、椅子四個、またテーブル上には治療用の薬剤資材を置く棚をセットアップして、患者と医師、処置資材キットを実際に配置させてみた。

荒井はそのときのことを次のように振り返る。

「ちなみに、こうした薬剤衛生資材の管理について、日本では物流管理（logistic administration）の手法が導入されており、処方箋《しょほうせん》、処置指示書で在庫の理論値と実在庫の差異が必ず求められます。そのため在庫管理を適正にするのには、ロジスティックスの基本である整理・整頓と、何処《どこ》に、何が、どのぐらいあるのか、いつでも把握できるようにしておかなければならない。こうした物流管理は、病院のマネジメントだけでなくスーパーマーケットやホテル、物流などあらゆる所で運用されていて、経済的なコスト削減に寄与していることを説明し、まず物品の整理整頓から行うよう指導しました。

また、医薬品の供与についてシリアの医師からも要請がありましたが、供与された医薬品のリストは英文で記載されていました。しかし、それでは混乱が生じる可能性があることから、物品には日本語のジェネリック名を商標名の上部に目立つよう表示するように指導しました。日本の海外での医療貢献は、このように〝きめ細やかさ〟を得意とするところなのです」

こうして、派遣期間は瞬《また》く間に過ぎていった。そして、荒井らは四月三日に帰国した。

「病院のスタッフ、通訳、ドライバーのみなさんと十日間過ごしましたが、非常にフレンドリーで楽しかったことが思い出されます」

荒井はそう語るが、このシリア地方病院救急医療体制支援先遣隊としての活動が、荒井の海外ボランティア活動の最後のミッションとなった。

このミッションが終わり、成田空港に着いた直後、荒井の携帯電話に妻から連絡が入った。

「お父さん、自宅での取材は辞めてください」という一報だった。

この日、「もう荒井が自宅に帰ってくるのではないか?」と考えた大勢の新聞記者やテレビのクルーが自宅の中庭まで入り込み、そのたびに受け答えをしなければならず、美容室の仕事にも支障が出て困っているという話だった。そこで荒井は、新幹線の中から郡山市の記者クラブに電話して、郡山市役所でまとめて取材を受けることにした。

そして郡山市役所に着いた荒井が、準備された広い会議室に入室したとたん、まるで犯罪者に向けるように、数えきれないほどのフラッシュがたかれ、投光器が浴びせかけられた。マスコミ各社にしてみれば、少しでもいい画を撮りたい一心で日常のことだったかもしれない。しかし、荒井はマスコミの横暴さを感じた。当然、彼らに対する対応も、不機嫌で非協力的なものになった。そして荒井はこう言い放った。

「もう二度と医療海外救助はやらない」

マスコミにしてみれば、〝美談〟を報じるためのコメントと表情を荒井に求めていたに違いない。しかし、それはマスコミの勝手な都合であり、傲慢《ごうまん》さの表れだった。現地から帰ってき

平成８年７月18日、池田行彦外務大臣より感謝状を受け取る荒井

感謝状

荒井尚之殿

貴殿は平成八年五月のバングラデシュ人民共和国に対する国際緊急援助隊の派遣に際し わが国の国際協力の推進に尽力されるとともに 両国の友好関係の発展に多大な貢献を果たされました
ここにその功績をたたえ あわせ謝意を表します

平成八年七月十八日

外務大臣 池田行彦

①バングラデシュ竜巻災害派遣に対する感謝状（平成８年７月18日）

感謝状
荒井尚之殿
貴殿は平成十年七月パプア・
ニューギニアに派遣された国際緊急
援助隊に参加し もってわが国の
国際協力の推進に寄与すると共に
両国の友好親善関係の発展に
多大の貢献をされました
よってその功績をたたえ ここに
感謝の意を表します
平成十年十二月二十二日
外務大臣 高村正彦

②パプアニューギニア津波災害派遣に対する感謝状
（平成10年12月22日）

感謝状
荒井尚之殿
貴殿は平成十年十一月ニカラグア
共和国に派遣された国際緊急
援助隊に参加し もってわが国の
国際協力の推進に寄与すると共に
両国の友好親善関係の発展に
多大の貢献をされました
よってその功績をたたえ ここに
感謝の意を表します
平成十年十二月二十二日
外務大臣 高村正彦

③ニカラグアハリケーン災害派遣に対する感謝状
（平成10年12月22日）

感謝状
荒井尚之殿
貴殿は平成十一年十一月トルコ共和国に
派遣された国際緊急援助隊に
参加しもってわが国の国際協力の
推進に寄与すると共に両国の
友好親善関係の発展に多大の
貢献をされました
よってその功績をたたえ ここに
感謝の意を表します
平成十一年十二月二十一日
外務大臣 河野洋平

④トルコ地震災害派遣に対する感謝状
（平成11年12月21日）

RECONOCIMIENTO

La Alcaldía de Managua tiene el alto Honor de otorgar

reconocimiento a :

Mr. Takayuki Arai

Por su [illegible] labor [illegible] de los damnificados del huracán MICHI, en la Urbanización Nueva Vida de Ciudad Sandino.

Dado en la Ciudad de Managua a los ______ del mes de Noviembre de 1998.

Ing. Roberto Cedeño Borgen
Alcalde de Managua

Ing. Enrique Cedeño A.
Director del Ambiente

感　謝　状

マナグア市はシウダ・サンディーノ地区ヌエバ・ビーダにおけるハリケーン「ミッチ」被災者のための貴殿の素晴らしい人道的な活動に対して、ここに深甚なる謝意を表し、感謝状を贈ります。

１９９８年１１月　　日
於マナグア市

マナグア市長
ﾛﾍﾞﾙﾄ・ｾﾃﾞﾆｮ・ﾎﾞﾙｹﾞﾝ

マナグア市環境局長
ｴﾝﾘｹ・ｾﾃﾞﾆｮ

⑤ニカラグアのマナグア市より贈られた感謝状

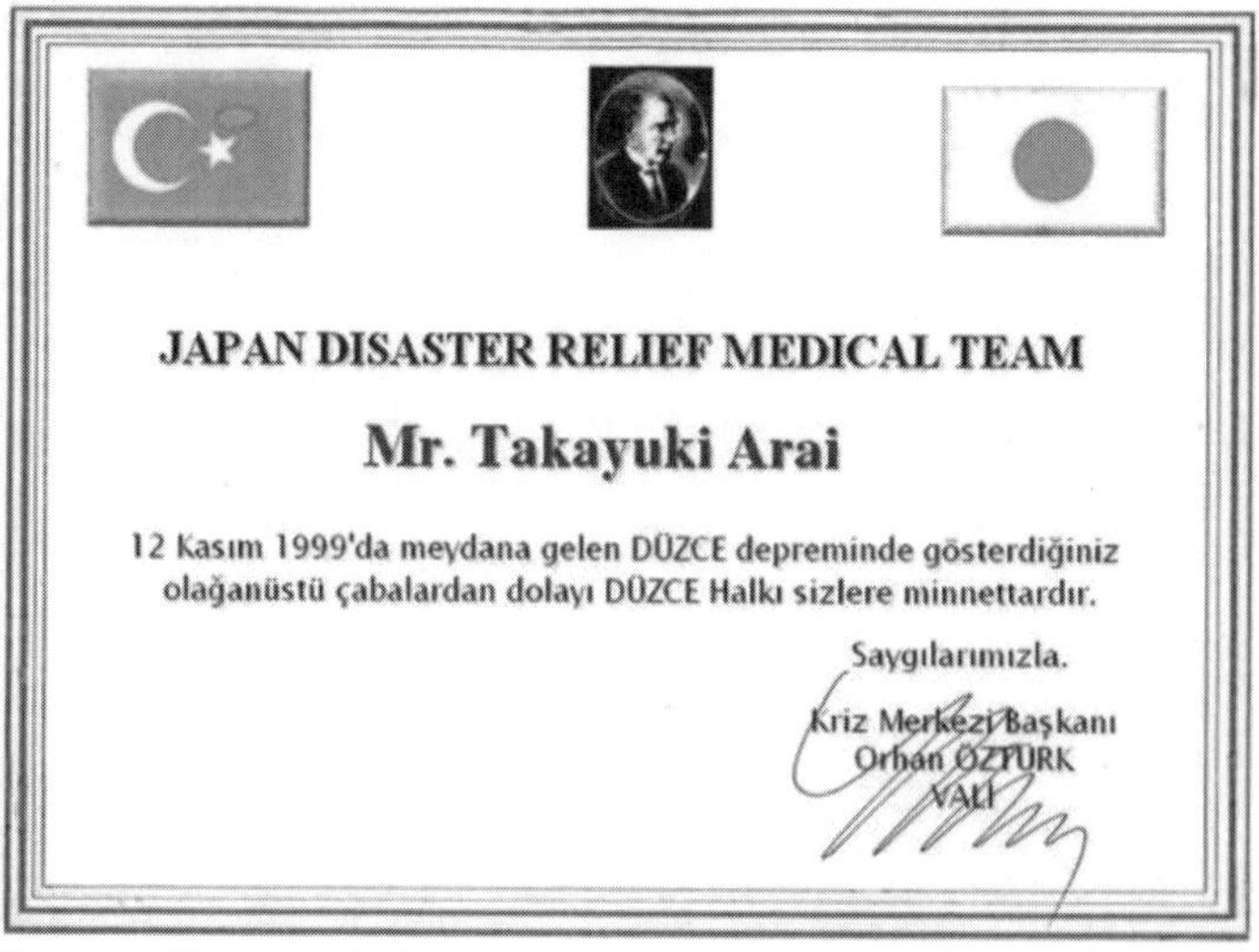

JAPAN DISASTER RELIEF MEDICAL TEAM

Mr. Takayuki Arai

12 Kasım 1999'da meydana gelen DÜZCE depreminde gösterdiğiniz olağanüstü çabalardan dolayı DÜZCE Halkı sizlere minnettardır.

Saygılarımızla.

Kriz Merkezi Başkanı
Orhan ÖZTÜRK
VALİ

⑥トルコより贈られた国民感謝状

たばかりの荒井は、自分に美談の主人公を演じることを求めるマスコミに対して、無意識のうちに怒りを爆発させたのではないだろうか。

また実際のところ、荒井自身、心のどこかで「海外で活動するのは、体力的にもきつくなってきた」と感じていたし、家族も〝もう海外に行くのはやめてほしい〟と思っていたに違いない。危険と隣り合わせの任務だけに、そう思うのも当然だった。

そんな荒井には、外務省大臣室から感謝状が贈られたが、彼にとって一番うれしく、宝物となっているのは、被災地当事国の政府や住民から届いた数々の感謝状だったという。

上野の喜多方市政への挑戦

海外に活路を見出した荒井と対照的だったのが上野だった。平成六（一九九四）年、上野は自ら喜多方市長選に立候補した。上野自身、次のように語る。

「何の組織もお金もない、地盤も看板もない人間が市長選に出るために、四十九歳で市役所を辞めたわけですよ。泡沫候補同然であることは自覚していました。でも、私は自分なりのマニユフェストをつくって、有権者の家を一軒一軒回りました」

いったいなぜ、上野は無謀とも言える市長選に討って出たのか……。上野は「無競争選挙だけは許したくなかったからだ」と振り返る。

昭和六十一（一九八六）年の市長選で初当選した飯野陽一郎氏は一期目と二期目を務め、三期目を目指そうとしていた。そのとき、有力な対抗馬は現れず、無投票当選になると見られていた。上野には、それが許せなかった。

そもそも昭和六十一年の市長選のとき、参金会が独自候補を立てて選挙戦に臨み、直前になって挫折したことは前述したとおりである。その後、上野は忸怩《じくじ》たる思いを胸に秘めながら、第二の選択として飯野陣営を応援することになったが、そのとき上野は、飯野氏のために政策や演説文を書いて協力したし、旧態依然とした喜多方市政を変えてくれることを期待した。だが、その思いは裏切られた。

「一年経ったら、公約したことを実現できているかどうか、その成果を市民に報告すべきだと思いました。しかし飯野市政下でそれがなされることはありませんでした。そして、一期目、二期目と時が流れた。私は、『ああ、この人じゃダメだな』と感じましたし、何より無選挙当選を許してはいけないと思いました。民主主義の原点は選挙なんだから……」

そんな思いを口にする上野に、ほまれ酒造の社長で、参金会のメンバーだった唐橋幸市郎（後に会津喜多方商工会議所会頭）が、「上野さん、そんなに熱意があるなら市長をやってみたら」と言った。そのひと言で、上野は市長選への出馬を決めた。唐橋の応援は、上野にとって涙が出るほどうれしいことだった。

選挙に出ることに家族の反対はなかった。いや、むしろ強く背中を押してくれた。

「妻は『やりたいことをやればいい』と言ってくれました。私が参金会で活動している様子を見て、私が、本当にやりたいことは何かを理解してくれていたのだと思います。子どももある程度大きくなっていたし、何より妻も市役所に勤務していたので、私が退職しても生活はなんとかなりそうでした。正直言って、妻が市役所で働いていなければ私が選挙に立候補することはなかったでしょう」

選挙戦は、圧倒的に現職の飯野が有利な状況で進んでいた。上野が敷地の一角にポスターを貼らせてほしいと頼んだところ、けんもほろろに「勘弁してくれ」と断られたこともあった。

「飯野さんの陣営から、どっから仕事もらってるんだと言われた。ポスター貼らしたりしたらえらいことになる」と言う者がいたかと思うと、露骨に「上野さん、選挙に出るのやめてくんちぇ。迷惑だ」という者もいた。

まさに逆風の中の選挙戦だった。ある医師からはこう言われた。

「医師会の総会で、飯野さんが『上野が二千票取ったら、逆立ちして歩く』と言っていた。だから、二千票以上取れよ」

その医師は病院にポスターを貼ることを許し、「がんばれよ」と励ましてくれた。そんな声援が身に染みた。

上野の選挙運動は実直で、実に地道なものだった。喜多方旧市街の家々一万一千件を一軒一軒ひたすら回って、行政改革の必要性を訴えた。

その成果はあった。投票日、上野は六千三百票あまりを獲得した。残念ながら、飯野氏を破ることはできなかったが、上野は、「ああ、わかってくれる人はわかってくれるんだな」と、大きな手応えを感じたと振り返る。

上野の再挑戦

平成十（一九九八）年、上野は再び市長選に立候補した。上野は、平成六（一九九四）年の市長選に敗れてからも有権者の家々を一軒一軒回り続けていた。最低でも年六回、多いときには十回回った。そんな上野を応援してくれる人も増えていた。

この選挙における本命は、農林水産省出身で、地方競馬全国協会常務理事だった白井英男《しらいひでお》氏だったが、四人が立候補し、開票の結果、上野は次点で白井氏に敗れた。

この結果に、応援してくれていた人たちの間から、「市会議員をやったらどうだ」という声が上がった。

この「市会議員でもやれることはあるはずだ。やってほしい」という周囲の声に推されて、上野は翌年の市議会議員選挙に出馬。見事、当選を果たして、それ以後、議員として活動した。しかし三期目の途中、任期を一年残して議員を辞職、またまた市長選に出馬した。三度目の挑戦だった。

この平成二十二（二〇一〇）年の喜多方市長選には、上野の他に、現職の白井英男氏、旧熱塩加納村長の山口信也氏と元県職員の飯野雄太郎氏の四人が立候補した。この選挙に勝利したのは山口氏だった。彼は一万二千五百二票を獲得して初当選を果たした。上野が獲得した票数は四千二百十四票にとどまった。

この市長選を最後に上野は政治の世界から身を引いた。

上野に、そのときの気持ちを聞くと、こう答えた。

「もう、十分にやり尽くしたという気持ちがありました。自分にできる限りのことはやったと思いました。もちろん、家族の協力があってこそできたことですが、何の組織もお金もないし、政治家の家系でもない私を応援してくれる人もいた。そんな人たちにも支えられました。市役所の職員だった私が政治の世界に飛び込んだきっかけをつくったのは、参金会だったと思います。参金会での活動を通して様々なことを知り、考えました。そういう意味では、私にとって参金会は勉強の場だったんですよ」

上野は参金会の活動に参加することで、変わっていく時代の流れと、行政改革の必要性を強く感じた。その思いが、彼を三度の市長選への挑戦へと突き動かしたのではないだろうか。そしてその思いは今も変わることなく続いているように感じた。

上野はこう語る。

「世の中には思うとおりにならないことも少なくありませんし、踏襲主義に邪魔されることも多々ありますが、自分たちが持っている能力と資材、それに周りの協力があれば、できることはいくらでもあります。それを忘れてはいけないと思います」

矢部善兵衛の述懐

一方、矢部善兵衛は事業に追われることとなった。倉庫業を含む日本の物流は猛烈な勢いで変わりつつあった。その中で生き残っていくためには、気を抜いている暇はなかったというのが正直なところだったに違いない。

民間有識者でつくる「人口戦略会議」は、令和六（二〇二四）年四月、「日本の地域別将来推計人口（二〇二三年推計）」に基づき、人口から見た全国の地方自治体の「持続可能性」について分析し、その結果を発表した。

それによると、全国千七百二十九自治体のうち、消滅可能性自治体（二十〜三十九歳の若年女性人口が、二〇二〇年から二〇五〇年までの五十年間で五十％以上減少する自治体）が七百四十四に上るという。少子高齢化による影響がますます大きく出てくるというわけだが、実は一九九〇年

「共存共栄」の倉庫業

☆旭日双光章
矢部《やべ》　善兵衛《ぜんべえ》さん74
喜多方市

半世紀にわたり社会インフラの拠点である倉庫業を先導してきた。「『共存共栄』の基本理念の下、常に高品質を心がけてきた。思いがけない受章で光栄だ」と語る。

喜多方市出身。東京・麻布高、立教大経済学部卒。1996年に大善の社長に就任し2010年から県倉庫協会長。東日本大震災が発生した際は県と連携し、2日後の3月13日から支援物資の受け入れと搬出を開始した。半年間にわたり県内950カ所以上の避難所に物資を届け、先頭に立ってルート構築など的確な指揮を執った。

働き方改革や物価の高騰など、業界を取り巻く環境は急速に変化を続けている。「人工知能（AI）を活用しながらバランスの取れた持続可能なシステムづくりをする」とさらなる飛躍を誓った。

社会の変化に対応し、倉庫業のさらなる飛躍を誓う矢部さん

矢部の旭日双光章受章を報じる新聞記事
（福島民報・福島民友　令和６年４月29日付）

代以降、特に製造業がアジア諸国へ拠点を移すようになり、地方の疲弊が表面化し始めていた。

これに対し、矢部は平成二（一九九〇）年には、リオンドール物流センター（会津若松市真宮新町）を開設し、スーパーマーケット専用センターとして、本格的な3PLサービス（Third Party Logistics。荷主に対して物流改革を提案し、包括して物流業務を受託し遂行する事業）を開始した。さらに、宇都宮営業所をはじめ新規拠点を開設して、顧客の要望に応えつつ、コストパフォーマンスを高める努力を続けていった。

その後、平成二十二（二〇一〇）年六月に、矢部は六十五社からなる福島県倉庫協会の会長に就任し、東北における倉庫業を先導していった。

そして令和六（二〇二四）年春の叙勲で、倉庫業の振興に功労があったとして、旭日双光章《きょくじつそうこうしょう》を受

章した。

その矢部は、参金会の活動を次のように振り返る。

「参金会は、そもそも小林富久壽さんがつくった勉強会でしたが、あの頃のメンバーはエネルギッシュでしたね。たとえば、行政改革をテーマに話しているうちに、『土光さんに会いに行こう』ということになり、数日後には、メンバー八人がワゴン車にギューギュー乗り込んで、会津の納豆を手土産に会いに行きました。それもアポなしです。小林さんもいい加減なところがあって、ワゴン車の中からアポを入れていましたよ。以来、イベントがあるごとに呼ばれるようになって、ホンダ技研の本田宗一郎《ほんだそういちろう》さんやソニーの井深大《いぶかまさる》さんとも知り合うことになりました」

それにしても、あの行政改革は日本にとって、どんな意味を持ったものだったのだろうか。

思い返せば、平成八（一九九六）年一月十一日の村山富市《むらやまとみいち》内閣総辞職後に発足した自社さ連立による第一次橋本龍太郎《はしもとりゅうたろう》内閣が最重要課題と位置づけた「行財政改革」は、行政改革、財政構造改革、社会保障構造改革、経済構造改革、金融システム改革（金融ビッグバン）、教育改革という六つの柱でなっていた。

橋本総理は、この行財政改革に取り組むにあたり、「世界が一体化して、人、物、資金、情報が自由に移動する時代にあって、現在の仕組みが、かえってわが国の活力ある発展を妨げていることは明らかであり、世界の潮流を先取りする経済社会システムを一日も早く創造しなければなりません」と訴え、国民の多くは、その成果に期待した。参金会のメンバーもまた、行革こそ日本が目指すべきものとして、一丸となって活動した。

矢部は、「私たち参金会も、労働組合と土建屋が牛耳っているような喜多方の政治体制を改革したかったのです。しかし……」と言い、言葉を続けた。

「その後の歴史を振り返ったとき、改革がどこまで進んだのか大いに疑問が残ります。また、その後の、いわゆる〝失われた三十年〟を考えると、もっと違う方法があったのではないかとも思えます。

それでも私は、声を上げることを忘れてはいけないと思います。今、多くの人が、人口減少で日本は衰退するとされていることに大きな不安を抱えていますし、元気をなくしていますが、黙っていても何も解決できないでしょう。たいへんなときだからこそ、声を上げ、挑戦することが必要なのではないかと思うのです。特に若い人には、自由にコミュニケーションをとることができ、言いたいことを言い合える場を大切にしてほしいと思います。そして、そんな場で、人の経験を自分のものとしたり、みんなといっしょに行動したりすることで、より力強く前進する力が生み出せるのではないかと思うのです」

第五章
参金会再始動

まだできることはないか

海外ボランティアから身を引いた荒井は、しばらく薬局の在庫管理システムを立ち上げる仕事に没頭することとなった。理論値と実棚値の差異それに伴う回転率、発注点発注（ＥＮＩＦ）などのシステム構築に取り組んだが、いずれも薬局の経営方針にもかかわる重要なものであり、手を抜くことはできなかった。

しかし、その仕事がひと段落すると、心にぽっかりと穴が開いたような気持ちに襲われた。元来、常にやるべきことを見つけようとする性格の人間だったのだろう。のんびりと生きる日々に満足できるような人間ではなかった。

まだ参金会の事務局長という立場はそのままだったし、事務局は相変わらず荒井の自宅に置かれていた。また、月見橋周辺に月見草を植栽する活動は続けていたが、彼の中で再び、喜多方活性化への情熱が高まっていった。荒井は言う。

「喜多方の若い人たちを見ていると、自分から行動しようという気概がなかなか感じられなくなっています。四人の息子ももう独立していますが、自分たちの生活を守ることが一番で、町の活性化などあまり興味がない。それを見るにつれ、まだ何かできることはないかと考えるようになったのです」

そして、新たな講演会を企画、開催し始めた。

発揮できていないインバウンド

平成二十七（二〇一五）年八月、参金会は熱塩加納町のホテル「ふじや」で、「新しい地域創造」と題する講演会を開催した。

西岡誠治氏

講演に来てくれたのは、防災行政や都市開発に詳しい長崎県立大学の西岡誠治《にしおかせいじ》教授だった。西岡教授からは、地域が生き残るモデルとして産業誘致型、ベッドタウン型、学園都市型、コンパクトシティ型などがあることを教えられた。また、喜多方市と連携自治体の東京都中野区の関係に触れ、地方や都市が強みを生かして互いの弱みを補う課題解決の事例も紹介してもらった。

荒井は、特に西岡教授の「日本でも、インバウンドが最近始まっているが、日本人はどうも下手で、インバウンド構想が発揮できていない所が多い」という言葉が心に残ったと振り返る。それは、まるで停滞している喜多方に向けて発せられた言葉のように感じられたからである。ちなみに平成二十七年当時に喜多方市を訪れた外国人観光客はわずか七百六十五人にとどまっていた。

また、荒井は国際情勢に対する喜多方市民の感度の鈍さも感じていた。たとえば、周囲の人に聞いてみても、安全保障問題に関心を示す人はほとんどいなかった。みんな日々の生活に追われるばかりで、「そんなことは国が考えてやればいいことだ」と言わんばかりで、まるで他人ごとだった。そこで、荒井は、国防に関する講演会を開催することとした。

日本の安全保障について

平成三十（二〇一八）年十一月、荒井は元海上幕僚長の古庄幸一《ふるしょうこういち》氏を講師に迎え、講演会を開催した。

古庄氏は、昭和四十四（一九六九）年に防衛大学校卒業後、海上自衛隊に入隊。海上幕僚監部広報室長、海幕人事課長、第3護衛隊群司令、護衛艦隊司令官などを経て、平成十五（二〇〇三）年に海上幕僚長に就任、平成十七（二〇〇五）年に退官した人物だった。

平成二十四（二〇一二）年に日本政府（野田佳彦内閣）が尖閣《せんかく》諸島三島を国有化して以来、日中関係は悪くなっていたし、中国が推し進める一帯一路政策と、違法ともいえる海洋進出もますます拡大していた。そんな中、かねてから、「日本の安全保障論議は眼前の危機を直視しなければならない」とする古庄氏の講演は、宇宙・サイバー、ハイブリッドウォー、高高度電磁パルス戦など、最新の情報まで含んでおり、喜多方の人々にとって貴重な時間となった。

また、令和二（二〇二〇）年七月には、元自衛艦隊司令官の牧本《まきもと》信近《のぶちか》氏を呼んで、ロシア・

古庄氏講演会のポスター

中国・北朝鮮・イージスをテーマに、講演してもらった。

牧本氏は、自衛艦隊（兵員約二万八千名と艦艇約百十隻・航空機約二百機・車輌約八百八十台）を擁する機動海上作戦部隊の司令官とテロ対策特措法に基づくインド洋方面派遣部隊指揮官を兼任した人物だった。

当時は中国の進出に加え、北朝鮮が繰り返すミサイル実験も、日本の安全保障に大きな影を

牧本氏講演会のポスター

落としていた。そんな中での講演だった。

参金会のまちづくり構想

参金会は、これからいったい何を目指していくのか。

令和四（二〇二二）年に荒井が書いた「これからの私たちのまちづくり構想」と、上野が書いた「居住地に関係なく自治体を選べる時代は来る！」という文章がある。少々長いが全文を紹介しておこう。参金会が目指していることがはっきりと見えてくるはずだ。

これからの私たちのまちづくり構想

我々にはイベントを実行するうえでの心構えがありました。「頭の無いものは金を出せ。金の無いものは汗を流せ」のスローガンがあり、安直な補助金は当てにしていませんでした。全てのメンバーは「金も頭も汗も」全部出し切って、自前で活動をしてきました。そして我々の数多く手がけたイベントによって「喜多方」の固有名詞は日本全国に知り渡りました。しかし、残念な事に地域の活性化には結びつかず、「特定不況地帯」からの脱却はできませんでした。多くの地方都市同様、喜多方市でも悪循環が始まり、たとえば子供を東京の大学へ、お金を使って進学させても地元では就業の場所がありません。そのため子供たちは都会で生活基盤をつくるようになり、両親は都会に呼びよせられてしまうのです。

あるいは、田舎の実家に残された両親は介護が必要になると施設に入所、死後には住む人がいなくなった家が、廃屋化して「限界集落」になってしまっています。


今から三十年前頃は、この喜多方にはＮＴＴ、電力会社、大手メーカーの子会社、塩川町には外資系のモトローラー、会津若松市にある富士通、公のところでは保健所、農林事務所、法務局、喜多方県立病院がありました。

その時代、町内のみならず村内の近所の皆さんは、どこの家からも毎朝マイカーで通勤している姿が思い浮かべられると思います。この若い世代が、結婚、新居を構え大家族で生活していました。

そんな時代は終わったものの、どうしたらこの喜多方が住み良い町になり他の都市から移り住みたくなる町になるのか、官民一体で考えようではありませんか。


まず、その果実を生むものとして行政改革と財政再建が全国的に唱えられています。その中で「身を切る改革」の財政再建で努力している自治体が最近マスコミでも報道されています。そのうち、奈良市、千葉市、我が福島県矢祭町の事例を報告したいと思います。

まず奈良市では、議会基本条例を制定して議員報酬額を減額。議長八十三万円から七十三万円、副議長六十九万円から六十四万円、議員は六十四万円から五十九万円の減額を行っています。

千葉市では、市長がみずから月額給与二十%、期末手当五十%、退職金五十%カット、また副市長以下、特別職の報酬を大幅にカットしました。

一般職を含めた職員給与も大幅にカットすべく、労働組合との協議により、千葉市が置かれている厳しい状況と、これから市民向けの事業も大幅に見直しされることを説明し、給与カットを理解してもらいました。これにより、月額給与三~九%カット、さらに政令指定都市で退職金カットと最大規模の給与カットが妥結し、人件費の削減効果は九年間で百五十二億円に上りました。また、外部団体も三団体解散させ、一団体の統合スリム化を徹底しました。そのため多くの市民に「今度の市長は、市政を立て直そうとしている」と理解してもらえました。

また、財政再建が進むにつれてカット幅はすべて縮小し、令和二（二〇二〇）年からは、市職員の給与カットは全て解消されました。つまり財政再建されれば元に戻すビジョンが根底にあったということです。

我が福島県、小さな自治体矢祭町《やまつりまち》の挑戦では、全国で唯一、日当制にしていた議員報酬を、令和六（二〇二四）年四月に月額制に戻しました。

矢祭町の議員報酬の日当制は、平成十三（二〇〇一）年に「町村合併をしない宣言」をしていた同町が、平成二十（二〇〇八）年に導入したもので、それまでの月額制では月額二十万八千円とボーナスが支給されていたものを、一日当たり三万円の支給とし、ボーナスも廃止していました。

この月額制から日当制への変更にあたり、他の自治体の議員から「日当化は議会、議員の役割を軽視、ないしは認識不足に基づいて愚挙だ」と白眼視されたし、議会の力を弱める軽はずみな行為だと断じる議員もいました。

こうした見方に対して、当時、日当制の導入を推進した菊地清文《きくちきよふみ》町議会議長は「議員は本来、ボランティアではないでしょうか。ボランティアとは志願してやるものであって報酬はさておきです。そもそも議員活動は高い報酬を貰《もら》わないとできないものでしょうか」と理想の議員像を語っていたが、その後、「日当制の導入により議員活動が低下したことはありません」とも明言していました。

確かに議員報酬を高額にすれば、議員の質や仕事ぶりが高まるというものではないでしょう。それは年額千六百六十万円あまりの報酬と、年間七百二十万円の政務活動費を議員に支給している東京都議会を見れば、誰でも納得できるはずです。議員のレベルと報酬額は連動するものではないのです。

また、矢祭町議会は平成十六（二〇〇四）年に議員定数十八人から十人に削減。その結果、町の貯金に当たる財政調整基金は四億九千万円だったが、三年後には十七億五千三百万円まで積み上がっていきました。これを踏まえて、特別委員長で副議長の緑川裕之《みどりかわひろゆき》氏は「日割制になった当時は、議員はボランティアとの意識が強かった。町のために働いた自負がある。今は見直してもいいのではと思っている」と町民に理解を求めていました。

そして矢祭町では、十六年ぶりに議員報酬日割制度を見直し（一日当たり三万円）を廃止し、月額制に見直すことを決めました（月額二十万八千円）とし、日割制採用前の年収額（期末手当を含めて約三百万円）にしたのです。

千葉市、矢祭町、両自治体で成功した行政の努力により財政再建が進むにつれ、報酬制度を見直し廃止したことは旧二本松《にほんまつ》藩の戒石銘《かいせきめい》の通り、二百年前の官職を戒めている言葉の通りでもあります。

我々が実践してきたイベント第一回、第二回「村づくり町づくり会津シンポジウム」における行政改革の財政再建と、一村一品運動の再検討、また参金会メンバーの長崎県立大学地域施策西岡誠治教授は「新しい地域創成について」の講演会で「日本のインバウンドが最近始まっているが、インバウンド構想が発揮できていない所が多い。インバウンドを早急にこの地域で何が必要か検討し実行すべきである、喜多方市のインバウンドも一考するに値するのではないか」と助言しました。

また、「安全な町・喜多方」（七十七年間大災害が起こったことがない実績）への企業誘致をする運動をすることにより雇用を増やすことも大切でしょう。これからは、住み良い町へと住民が選ぶ時代が到来したときのための受皿づくりを早急に準備しなくてはならないと思います。

我々参金会は「イベントは手段であって目的ではない。目的は住民の定住化である」としてきましたが、この運動はこれからもこの活動を継続して行きたいと思います。

また、昭和六十三（一九八八）年の「ラーメン王国フェスティバル」で、喜多方の存在を日本全国に広げましたが、それだけでなく、喜多方ラーメンを世界に広めるために「世界ラーメン文化交流協会」を発足し、世界ラーメンフェスティバル構想を打ち出し「喜多方」を世界に知らしめたいと思っての行動も予定しています。

最後に「まちづくり、むらづくり会津シンポジウム」でも私が問題提起したシャウプ勧告の地方版について提言したいと思います。

シャウプ勧告は戦後の日本の経済発展するため税収、経済、情報、エネルギー、農産物、交通網を東京に一極集約させました。そのため日本は高度成長をとげました。

しかし、その結果、東京は豊かに、地方は疲弊した町村に差別化されてしまいました。

本来、シャウプ勧告とは均衡のとれた公平な税金で地方自治体確立のための地方財政の強化の強力な執行体制の整備であったはずですが、本来の姿から東京一極集約になり、シャウプ勧告を唱えたシャウプ博士は「私の構想とは間違ってしまっている」と反省の弁があったようです。

私は、このような東京一極ではなく、シャウプ税制の地方版で地方にも豊かさを与える平等が必要ではないかと思います。

東京は高税金の住みづらい町、またこれから起こりうる南海トラフ地震、東京直下型地震などの大災害が起きたら日本経済は二度と発展はあり得ない状況に陥ってしまいかねません。それを防ぐためには、東京の機能を地方へ分散化しておく必要性が今あると思います。

このムーブメントの活動根底は戊辰《ぼしん》戦争時の、奥羽越列藩同盟（東日本大震災で被害を受けた地域）を再び立ち上げて地方分権地方からの挑戦を提言したいと思います。

参金会 事務局　荒井尚之（七十七歳）

居住地に関係なく自治体を選べる時代は来る！

「老いて貴方は都会に住みますか」。自治体は、真摯《しんし》に市民の気持ちを受け止め行政施策を打ち出すことである。

行政のもっとも大切な仕事は、民主的にして能率的な行政の確保と自治体の健全な発達を構築することである。それは「暮らし良い地域づくり」を進めていく前提として、「働き良い地域づくり」を進めなければならない。箱物優先施策で、市民に直結する事業の予算を削減するのでは「負担と役務のバランス」が確保されず、住民の定着指向から外され人口定住化は困難となる。特に若い世代の流出が加速すれば、地域再生産の機能に大きな打撃を与えることは間違いない。

喜多方市は現在、自治体の中で人口比率を加味すると産業の総生産額や税収額は県内で最低である。ゆえに市民一人当たりの所得額も県内で最低。一方、職員一人当たりの給与額は県内で最も高く、税収に占める人件費率も県内で最も高い。人件費に市税が全て消えてしまう自治体である。

法律は住民福祉の増進を図ることを基本としている。行政は、地域産業の振興が地域活性化の有力な手段と位置づけるべきで、職員の待遇優先は基本としていない。旧二本松藩の戒石銘に「汝《なんじ》の禄は民の汗なり」と二百年も前に官職を戒めている。

地方財政の「自立の自助」が叫ばれて久しい。地方財政計画の歳出に徹底した見直しの中で、「定員の計画的削減等による給与関係経費の抑制や地方単独事業費の削減を通じ、地方財政の抑制に努める」としている。喜多方市の基本計画にも財源確保策のひとつとして「行政改革」が明記されていたが、最新版の基本計画では、それが削除されている。

喜多方市は税金による人集めイベントを多用する。イベントは、まちづくりの手段となり得ても、「まちづくり」の目的にはならない。まず、組織の見直しと人件費の削減という身を切る改革が先である。「自治体の隠れ蓑《みの》」と云われる審議会で帳尻合わせの行政負担を住民に強いているようでは民度が上がらないのも理解できる。

住民の求める施策に費用対効果を加味し具現化することを優先することである。住民が求めもしない、費用対効果もない「箱物建設」や「インフラ整備」は、財政を疲弊させることは自明の理である。

我が国の人口減少が急速的に進む中で、自治体間による人口の奪い合いが既に始まっている。行政は、各種統計や市場調査、地域の持つ潜在的能力を活かし、選択でき得る雇用環境を整備し自治体の魅力度を高め、若者の定住化を促進することである。

先《ま》ず、組織の徹底した見直しと費用対効果を図ることが重要だ。例えば、総務省のいう住民百人に職員一人の定員の実現だ。また自治体職員の勤務地に配慮する薪炭《しんたん》手当の廃止、委託業務・物品購入単価等を他の自治体と比較是正、さらに法律で定める仕事以外は民間に移管するなどに着手したい。

農家集落の除雪は集落に委託、僻地《へきち》集落の住居戸数が二、三戸の場合は、冬期間は住民理解のもと市街地に下りて頂き、市営住宅や民間賃貸住宅を斡旋《あっせん》し、費用と住居手当等を支給し除雪費を削減する。除雪車の稼働率は低いので民間の重機を活用し、除雪作業は民間に委託。ゴミ分別は促進すべきだが、収集業者間の均衡ある作業と料金を精査し、不均衡と見える収集作業を調査し改善、道路状況は、各地域から出勤する職員に監視・報告を依頼し道路補修は民間に委託する。

更に、窓口業務の証明や届け出に自動交付機を設置し年中無休のサービスで人件費の削減。市営住宅は、受付け順に入居させ空室期間を最小化し部屋の稼働率を高める。職員間の業務時間を精査調整し係の統廃合を進める。

これらは一朝一夕に克服できるものではないが、自治体が直面する喫緊の課題に真っ正面から立ち向かう自治体の姿を見たい。自治体の長は、会議や住民との対面を副市長に任せて、率先して地域の潜在能力を鞄《かばん》に詰め雇用環境のセールスに汗をかくことである。

そして政府は、現行の地方交付税制度を見直すべきである。自治体が努力して税収を向上させると国から交付金を減らされ、一方、自治体が改革もせず、努力もせずに税収を減らすと国の交付金が増えるという仕組みはどう考えてもおかしい。自治体の努力が報われない制度は見直すべきである。

マイナンバーカードやデジタル自治体化が動き出した。国土交通省は、「二地域居住」を打ち出した。現行法では、住民が居住する以外の自治体を選ぶことはできないが、いずれは住民が居住地に関係なく「自由に住所を選べ、高い役務を享受できる時代」が来るだろう。我々の訴えが、その布石となることを期待したい。

元市長選候補者（元市職員）　上野正雄（七十九歳）

台北親善訪問

令和六（二〇二四）年五月二十八日から六月一日にかけて、荒井と矢部は台湾を訪れた。同年四月三日には、台湾東部の花蓮《かれん》県の沖およそ二十五キロを震源とするマグニチュード七・二の地震があったばかりだったが、お見舞金を渡すと同時に、参金会として、今後、日台の民間外交を進めていくための糸口をつくるのが目的だった。

五月二十九日には、二人はさっそく花蓮市役所を訪れた。市長は不在だったが、市長秘書にお見舞金を渡すことができた。

花蓮市役所でお見舞金を渡す荒井と矢部

急速に復旧作業が進む花蓮の被災現場

その後、花蓮の被災地を視察したが、現地では複数の建物が倒壊したり、道路が寸断されたりする被害が出ていたが、その一方で、政府と民間が一体となった迅速な対応が際立っていた。被害が大きかった花蓮市内の避難所でも、地震の直後には冷房完備、簡易ベッドが備えられたプライバシーに配慮したテントが設置され、女性専用や特別支援者専用の寝室も設置されていたというし、被災した建物も復旧工事も急速に進められていた。この対応力の高さは、日本も見習うべき点だった。

日台友好協会台北事務所を表敬訪問！

三十一日には、日台友好協会台北事務所を表敬訪問した。ここでは、対応してくれた担当者から、「台湾と喜多方との民間交流を図るうえで、迫力ある〝喜多方の夏祭り〟の要素を取り入れた交流はどうか」というアドバイスもあった。日本との文化交流では、「お祭り」が一番適しているというのである。

荒井は言う。

「駆け足の訪問でしたが、今後につながる訪問だったと思います。台湾は日本にとって大切な存在です。参金会

荒井が日台友好協会台北事務所あてに送り出したCD
『喜多方の夏祭り』（制作：会津喜多方祭囃子盆踊り保存会）

としては、これからさらに関係を深め、本格的な交流に結びつけたいと考えています」

そして荒井は、帰国するとすぐさま、日台友好協会台北事務所あてに一通の手紙を送った。その中には、突然の訪問にもかかわらず、丁寧に対応してくれたことに対するお礼の手紙と共に、喜多方の祭りばやしをおさめたCD『喜多方の夏祭り』が同封されていた。

言うまでもなく、「文化交流において、祭りが効果的だ」とアドバイスしてくれた担当者に対するレスポンスであった。果たして、それがどれほどの効果を生むかは不明である。だが、荒井は「まずは行動することが大切だ」という。それはまさに、「何事に対しても手間を厭《いと》わず、まずは挑戦すべし」とする、荒井らが貫いてきた行動力の表れであり、参金会魂の発露そのものなのである。

終章 世界に発信！ 世界ラーメンフェスタ構想

喜多方を世界に発信！

荒井は夜な夜な自宅の一室にこもって、「世界ラーメン文化交流協会」の名で、次のような内容の文書を、英文で発信している。

世界ラーメン文化交流協会
会長　荒井尚之
喜多方は、東京から三百キロほど離れた日本の北西部に位置する農業の町です。

人口は四万六千人。

喜多方ラーメンは、酒や醤油《しょうゆ》、味噌《みそ》などの伝統的な調味料のおかげで、実に美味《おい》しいです。

また、市内の豊富な地下水が小麦粉と混ざり、麺の風味を一層引き立てます。

スープは豚骨と鶏ガラをベースに、醤油と塩で味付けしています。

オリエンタルな味わいがとても美味しいと思います。

最近はマスコミでも取り上げられ、札幌ラーメン、博多ラーメン、神戸ラーメンに並ぶほど有名になりました。全国から喜多方ラーメンを食べに来られる方もいらっしゃいます。

ラーメンブームで町が盛り上がるといいなと思っています。

World Ramen Cultural Exchange Association

Chairman TAKAYUKI ARAI

KITAKATA is a primary agricultural town located in the north west of JAPAN 300km from TOKYO.
It has a population of 46,000
KITAKATA RAMEN is especially delicious due to the town's traditional industries of SAKE and Soy Sauce, and MISO production.
Also, the city's rich supply of underground water, when mixed in with the flour adds to the Flavor of the noodles.
The soup is made from a base of pork and chicken bones and further flavored with Soy Sauce and salt.
I think it' s oriental flavor is very enjoyable.
Recently mass communication has taken up KITAKATA RAMEN, and it has become as well know as SAPPORO RAMEN of HOKKAIDO, HAKATA RAMEN of KYUSHU, and KOBE RAMEN of OSAKA. People come from all over the country to KITAKATA to eat our RAMEN.
I hope this RAMEN boom will enliven the town.
I do not sell RAMEN. I just like KITAKATA RAMEN and hope.
it's increasing fame will invigorate my hometown.
KITAKATA: town of storehouses and the KURASHIKI of the North.
Storehouses, or kura, of all kinds. Abound wall mud colored, White-wailed, and black-wailed storehouses, as well as western-style brick ones. They renge in kura all the way from place for storing rice, sake, miso, charcoal, fertilizer and other products, to workshops, stores, and living quarters. Altogether there are more than 4,100 storehouses, reflecting an obsession on the part of the townspeople with kura, behind which lies the long prosperity of the sake-brewing industry and the city's position as a trading center in the northern part of Japan. The large number of storehouses also attests to their durability and reflects the attitude that a man was not a man unless he unless he built at least one storehouse.
There are also many interesting places in and around KITAKATA please come see us.

荒井が「世界ラーメン文化交流協会会長」の名で、世界に向け発信している英文文書

私自身はラーメンを売っていません。喜多方ラーメンが好きなので、ラーメンの知名度が上がって地元が盛り上がるといいなと思っています。

蔵の町、北の倉敷、喜多方。

蔵といっても、土蔵、白壁蔵、黒壁蔵、洋風レンガ蔵など様々。米、酒、味噌、炭、肥料などの貯蔵庫から、工房、店舗、住居まで、蔵の役割は多種多様。蔵の数は四千百棟以上。古くから酒造業が栄え、北日本の貿易拠点として栄えた町民の蔵へのこだわりがうかがえます。蔵の数が多いのは、蔵の耐久性の証《あかし》でもあり、蔵を一つでもつくらなければ男ではないという考え方を反映しています。

喜多方市内やその周辺には、他にも興味深い場所がたくさんありますので、ぜひお越しください。

この部屋から、毎晩世界に向けて発信している。
名づけて「荒井の世界ラーメンフェスタ無線室」

こうして発信した電波をキャッチした相手との間では、QSLカード（交信カード）を発行し合うが、下の写真のようなカードを発行している。もちろん荒井は、単なる趣味で情報発信しているわけではない。いたってまじめ、かつ真剣である。

喜多方ラーメンの存在を徐々に浸透させ、いつかは世界規模の「ラーメンフェスティバル」を開催し、喜多方を世界中に知らしめることを、虎視《こし》眈々《たんたん》と狙っている。

そのための成立主旨書の草案もできている。

世界ラーメン文化交流協会設立趣旨書案

普通の人が、普通に食べて、普通に楽しむ、そんな普段着のこころが、私たちはとっても好きです。

本当のぬくもりは、こうしたところにしかないように感じます。

世界ラーメン文化交流協会は、そうした普段着の市民のぬくもりを、一杯のラーメンから立ち上るあったかな湯気に見立てて笑顔の交流をつくろうという趣旨を持っています。

このあたたかさこそが身上ですから、これこそ世界中に出前しようという心意気なのです。難しいことは、ちょっとの間棚に上げて、ほんの十分間でいいですから、普通の笑顔に戻りませんか。そして、この笑顔こそが、各々《おのおの》の言葉を超えた、平和の真の値打ちだということを味わってみましょう。

参金会魂、まさに恐るべし！　喜多方の男たちが何をしでかすのか、これからも目が離せない。

あとがきに代えて

それにしても、日本における地方の疲弊ぶりは目を覆うばかりである。少子化による人口減少が加速度的に進んでいる一方で、都市部への人口流入は相変わらず続いている。その結果、地方には多くの限界集落が出現し、社会的共同生活を維持することすら困難になっている。「はじめに」でも触れているように、令和六（二〇二四）年四月には、民間組織「人口戦略会議」

が、日本の自治体のうち七百四十四が「消滅可能性自治体」（二〇二〇年から五十年の三十年間で、子どもを産む中心の世代となる二十〜三十九歳の女性が半数以下に減少する自治体）であるとする報告書を発表していることからも、問題の深刻さがわかるだろう。

この厳しい現実を前にして、今求められているのは、まさに本書に登場する参金会のメンバーたちのような存在である。政治家や役所が何かをやってくれるのを待っている余裕など、もはやない。「変革を目指し、自ら行動する住民たち」が存在しなければ、地方を再び建て直すことは難しい。

その挑戦する姿はときとして、敵うはずのない巨人（実は風車）に立ち向かうドン・キホーテのように映ることがあるかもしれない。しかし、そんな市井《しせい》の人々の力が結集してこそ、これからの日本をどう築いていくかについての論議が巻き起こり、住民自身による地方創生の道が見つけていけるはずである。

今後の十年で日本の未来は決定づけられるだろう。こんなときだからこそ、本書を〝地方創生＝町づくり〟の教科書にしていただければ、と願う次第である。

河野浩一　ザ・ライトスタッフオフィス代表

荒井尚之（あらい たかゆき）

1947年、福島県生まれ。福島県立喜多方高等学校卒業後、日本大学理工学部薬学科に進学。卒業後の1969年には海上自衛隊第20期一般幹部候補生学校に入校、その後、海上自衛隊舞鶴地区病院、自衛隊中央病院衛生資材部薬剤課、岩国航空基地隊衛生隊等に勤務。1974年に自衛隊を退官後、管理薬剤師として故郷の地域医療に従事すると同時に、1981年より参金会の事務局長を務めている。また、ロジスティクスの専門家として、ルワンダ難民医療支援（AMDA）、国際緊急援助隊（JICA）に参加した他、総理府国際平和協力本部（PKO）でアフガニスタン難民救済医療支援による平和構築のための調査にも従事した。

河野浩一（かわの こういち）

1955年、鹿児島県生まれ。明治大学法学部卒業後、編集プロダクション「プレスサービス」に勤務。その後、フリーランスの記者として女性セブン、週刊ポストなどで活動。1986年に編集プロダクション「ザ・ライトスタッフオフィス」を設立して以降、書籍の企画・制作を中心に現在に至る。

喜多方物語《きたかたものがたり》

ラーメンで町《まち》おこしに挑《いど》んだ男《おとこ》たち

2025年２月２日　初版発行

著　者　荒井尚之・河野浩一

発行者　鈴木　隆一

発行所　ワック株式会社

東京都千代田区五番町4-5　五番町コスモビル　〒102-0076
電話　03-5226-7622
http://web-wac.co.jp/

印刷製本　大日本印刷株式会社

ISBN978-4-89831-997-0

各章扉イラスト：maffin / PIXTA（ピクスタ）